松下幸之助［述］

PHP研究所［編］

現場で闘うリーダーに知っておいてほしいこと

For Leaders to Fight and Succeed
in the Business Field

PHP

序

三つの決定的局面と松下幸之助――本書のねらいと構成について――

今、リーダーに期待される役割とはどんなものだろうか。お互いがおかれた環境や立場によって違いはあっても、共通して言えるのは、それぞれに、「闘い」を求められているということではないか。

松下幸之助もまた闘い続けたリーダーの一人であった。世間の多くの人が知るのは晩年の温厚な人格者としての側面にちがいない。けれども、みずからの経営哲学と信念に関わる局面で現場の部下たちに示した〝厳しさ〟は、ときに表現するのが憚られるほどのものであった。それは、残された多くのエピソードから想像しうる。そうした幸之助の姿勢がよく見てとれる以下の三つの局面に焦点を絞り、当該期の幸之助の言動に着目したのが本書である。

第Ⅰ部　成長スピードを加速させる（幸之助が四十歳前後の時期）
第Ⅱ部　最大の難局を突破する（五十歳代前半）
第Ⅲ部　忍び寄る停滞・衰退を一掃する（七十歳前後）

Ⅰ・Ⅱ・Ⅲの各部で取り上げる時期が、松下電器（現パナソニック）の経営にとって決定的な局面となったことは言うまでもない。幸之助はそれぞれの状況下で、どんな言葉を発していたのだろうか。当時の数ある講話の中から、重要発言を厳選して時系列で収録し、必要に応じてエピソードを交えた補説を施すようにしたのが、本書の構成の特徴である。読者には、まずはご自身の属する組織が直面している局面から、目を通していただくことをお勧めしたい。

「現場」とともに闘い続けた幸之助

大阪の地で、九歳から仕事の現場に身を置いた少年・松下幸之助。奉公生活を経て電力会社に就職、その後、二十二歳で独立をしている。創業後は幾多の困難を乗り越え、事業を大きく伸展させる中で、世間から成功者と見なされるようになるけれども、重要なのは、彼にとって、個人的成功が目的ではなかったということである。みずからの事業が何らかの価値を提供することで、豊かな社会の建設に貢献するところに真の目的があり、同時にそれは夢であり、希望だったのである。

そしてその価値を生みだす現場への愛着は、松下電器社長から会長になり、相談役になっても、変わることがなかったといっていい。幸之助にしてみれば、現場感覚抜きの商品開発などありえなかったし、納期・価格・生産数は世間が求めるところに応ずるのが信条だった。また、日本の多くのすぐれたメーカーが矜持とする〝三現主義〟を掲げる必要がないほど、現場を観て、現物に触れ、そこにある現実を把握し、経営に生かす姿勢の徹底は、幸之助にとって至極当たり前のことだった。

さらに言えば、現場を率いるリーダーとしてのみずからの哲学や行動規範を、ともに働く社員に浸透させるべく、幸之助は創意工夫を凝らし、力の限りを尽くした。そうして、自分に代わって経営の衝にあたることができる人、それまで世の中になかった物を作る人、売って感謝される人……を続々と育て上げ、強い現場を創り上げていくことになる。結果として、現在のパナソニックという一大グループを形成する礎も築かれたのである。

現場を善導するための「拠りどころ」とは

こうした強い現場の創出を求める姿勢は、グローバル化が進む現代の経営環境において、ますます必要なものになってきているはずだ。

というのも、企業の社会的責任が強く叫ばれる今の時代でさえ、現場と本社との距離感が遠くなって、現実と理想が乖離し始めると、次第に組織風土に乱れが生じ、いつしか組織の一員がコンプライアンス上の問題を起こして、結果、企業全体の存在を世間から否定されてしまう――。それが、今のどの組織にも起こりうる現実なのである。社内の人々にしてみれば、ごく少数の社員による一つの不祥事も、社会から見れば、決してそうではない。

では、そうならないために、リーダーは何をなすべきなのか。どんな考え方や姿勢で現場を善導することが必要とされるのか。

幸之助は、熾烈な競争を繰り広げる現実の経営の中で、悩みつつも思索を重ね続けることにより、日々の経営判断の「拠りどころ」となる経営理念を打ちたてることになった。のちに八十三歳で刊行した自著『実践経営哲学』では、「一貫して同じ一つの経営理念に立って経営を行なって、幸いにしてそれが世間の支持を受け、今日の姿に経営を発展させてくることができた」とみずからの経営の軌跡を振り返っている。

だが、日々の決断・行動を経営理念と照らし合わせて行うのは容易なことではない。それこそ真摯なリーダーなら、よく知っていることであろう。けれども、だからこそ愚直に挑戦し続ける価値があると考えるリーダーの方々に、本書に収録された幸之助の言動の真意が伝わり、日々の活動の資として少しでも生かしていただけるようであれば幸いである。

二〇一九年二月

PHP研究所

現場で闘うリーダーに知っておいてほしいこと ◉ 目次

第Ⅰ部　成長スピードを加速させる ── 大いなる夢と使命を現場に与えつつ

一九三二年五月五日から一九四一年までの社員に向けた朝会・夕会での講話記録を中心に、松下幸之助の企業家精神みなぎる発言を厳選して紹介する。その言葉の数々は、「産業人の使命」を闡《せん》明《めい》し、「遵奉すべき七精神」により、よき産業人（ビジネスパーソン）として生きるための目標・指針を示しつつ、事業の伸展に邁進する四十歳前後の若き社長の情熱の軌跡である。

第Ⅱ部 最大の難局を突破する

――「再び開業」の念願のもとに

太平洋戦争後、事業家・幸之助は最大の危機に直面する。その艱難に何を思い、どう考え、どうやって克服をしていったのか。道を過つことなく、社員と働く喜びをわかちあうために何を語ったのか。戦後の一九四五年〜五〇年の講話記録から抜粋・収録、その核心に迫る。

第Ⅲ部 忍び寄る停滞・衰退を一掃する ――営業本部長代行として率先垂範

急速に成長した日本の家電産業。その勢いに陰りが見え始め、不況の危機が忍び寄る。東京オリンピックが開催された一九六四年の夏、迫りくる危機をいち早く察知していた幸之助は、この困難を革新の好機ととらえる。会長でありながら、営業本部長代行となって最前線に立ち、経営幹部や中堅幹部を直接指揮し、善導した一九六四・六五年の代表的な講話記録から、現場を動かす言行に焦点をあてる。

第 I 部

成長スピードを加速させる

大いなる夢と使命を現場に与えつつ

序説

松下幸之助のリーダーシップの原点を知ろうとするなら、一九三〇年代初頭からの経営に対する理解がどうしても必要になる。

当時、幸之助は三十歳代後半の働きざかりで、急成長中の会社を率いる創業経営者だった。社名はまだ松下電器製作所といい、イメージとしては、家族的な雰囲気を残す町工場のころである。

その一九三〇年初頭、昭和恐慌によって同規模の中小企業が淘汰される中、幸之助と社員たちは、抜群の団結力を発揮して不況を乗り切っている。この時代、幸之助は工場の事務所を毎日のように巡回し、現場と非常に近い存在であった。それは当時の社員の回想からもよく分かる。

あるとき、販売統計表の作成をしている経理の若手社員の肩をたたいて、幸之助は「その仕事は何をやっているのかね」と訊いたそうだ。「統計表です」との答えが返ってきたので、「それは何の目的でやっているのかね」とさらに訊くと、その社員は答えることができなかった。そこで、指示をした上司である主任を呼び、部下に指示するときには、目的をはっきりさせてやるべきだ、と指導することがあったという。

また、ときにはまだ見習段階の若い社員の日々の報告書にも目を通し、毎日の動静をきちんと書けていない者には「何を考えて仕事をしているのか!」と訓導したこともあった。

このように現場で、部下を直接指導し、率先垂範を愚直に実践していた日々の中で、幸之助は一九三二年五月五日を迎えることになる。松下電器の〝天命〟ともいえる「産業人の使命」を闡《せん》明《めい》し、お互い共通の使命を知りえた喜びを、社員と共有する機会を設けたのである。

その後、他社に先駆けて事業部制を敷いたのは一九三三年。松下電器産業株式会社に社名変更し、事業部制をさらに分社制へと進化させたのは一九三五年のことだった。売上げ・利益、人員数は急速に増大し、事業は著しく伸展した。

このころの、幸之助の発言記録は、部下の記憶や数少ない速記録が主体である。その限られた記録資料から、リーダーとしての力闘の軌跡をたどっていく。社員のあいだでは、「ウチの大将」「ウチのおやっさん」と言われる存在だった、当時の幸之助の経営に対する見方・考え方を、肌で感じていただきたい。

01 同じ使命に生きるものが堅き団結のもとに邁進するところに無上の生きがいがある

あの水道の水は加工され価《あたい》あるものである。今日、価あるものを盗めばとがめを受けるのが常識である。しかるに道端にある水道の水の栓をひねって、あまりの暑さに行人が喉《のど》をうるおさんとて存分にこれを盗み飲んだとしても、その無作法さをこそとがめる場合はあっても、水そのものについてのとがめだてはしないのである。これはなぜであるか。それはその価があまりに安いからである。なにがゆえに価が安いか、それはその生産量があまりに豊富であるからである。いわゆる無尽蔵に等しいがためである。ここだ、われわれ、実業人、生産人のねらい所たる真の使命は。すべての物資を水のごとく無尽蔵たらしめよう。水道の水のごとく価を廉《れん》ならしめよう。ここにきてはじめて貧は征服される。

宗教道徳の精神的な安定と、物資の無尽蔵な供給とが相まって、はじめて人生の幸福が安定する。ここに実業人の真の使命がある。自分がわが松下電器（現パナソニック）の真使命として感得したのはこの点である。ここに諸君にお話しする松下電器の真の使命は、生産につぐ生産により、物資をして無尽蔵たらしめ、もって楽土の建設を本旨とするのである。

しからばいかにしてこの使命を達成するか。それは左の方法と順序によるのである。

すなわち今日以後二百五十年をもって使命到達期間と定める。そしてその二百五十年間を十節に分割するのである。第一節の二十五年間をさらに三期に分ける。しかして第一期の十年間はもっぱらこれを建設時代とする。次の第二期十年間は建設を続けつつもっぱら活動する活動時代である。そして最後の五年間は建設と活動を続けつつ、これらの施設をもって主として世間に貢献する貢献時代とするのである。以上三期、第一節二十五年間はすなわち今日出席せるわれわれの活動する活躍期間である。しかして二節以後はわれわれの次代の人たちが、同じ方途と方針とをもってこれを繰り返すのである。以下第三節以後もまた同じように次代次代の人たちが繰り返し繰り返して、十回二百五十年に達して、世を物資に充ち満ちた、いわゆる富み栄えた楽土たらしめんとするものである。

まず、使命達成の第一段階はこの二百五十年をもってひとまず終了する。しかし、第二段階たる次の二百五十年にいたってもこの姿は変わらず、さらにさらに高き理想に向かって邁《まい》進《しん》するであろうと思う。しかして、その時の理念に合致する方途は、その時の人たちによって、われわれの伝統を生かしてさらに立案せられるであろうと思う。

かくのごとくわれわれの使命は重かつ大にして、しかも遠大なものである。今日ただいまよりこの遠大な理想、崇高な使命を、わが松下電器の理想として、使命とし、その達成の責任をわれわれがになうこととするのである。諸君は縁あって松下電器に職を奉ずる以上、わが松下電器の使命に絶大なる歓喜と責任を自覚しなくてはならぬ。この責任を自覚しないものは遺憾ながらいわゆる無縁の衆と断じなくてはならない。われわれは人数の多きを尚《とうと》ぶのではない。たとえ人数は寡少《かしょう》であっても、同じ使命に生きるものが、堅き団結のもとに力強く使命に向かって邁進してこそ、無上の生きがいあるものを感ずるのである。自分は今日よりこの心境において力強く諸君を指導し、松下電器経営にさらに改めて力強く邁進しようと考えるのである。

ただ、ここに最後に一言いっておくが、われわれの理想は高く、使命また遠大である。したがって自分の諸君に要望することも、ある場合にはきわめて峻烈《しゅんれつ》であるかもしれない。しかし、自分は次代をよくするためにわれわれが犠牲になることは最上の最たるものとは考えていない。最上の最たるものはわれわれが十分人生の幸福を味わい、人生を全うし、なおかつ次代をよくすることであることをもって自分の理想としているのであるから、また諸君の労が適当に酬《むく》いられること当然であると考えている。

［一九三二年五月五日の回想］『私の行き方 考え方』

実業人の使命、それは貧乏の克服である――「水道哲学」といわれる、松下幸之助のミッションとビジョンは、貧乏から逃れたいという当時の大衆の要望に応えるものだった。

その達成すべき使命を二百五十年計画という超長期の成長計画としたところに、幸之助ならではの説得力が生まれた。「計画」と称することにより、単なる「夢想」ではなく、仕事上の「目標」と社員に思わせたのである。以後、パナソニックではこの年は命知元年と定められ、五月五日は創業記念日となった。

時代は移り、現代は、より不確実な時代になるといわれている。したがって、これからの組織・団体のリーダーには、幸之助が成し遂げた以上に、社会が抱える課題をよく把握し、その上で、いっそう具体的な夢を描き、ともに働く社員の共感を呼ぶ目標を打ちたてる能力と行動力が求められるのではないだろうか。

02

いたずらに大志を抱いて焦慮するのは愚である

十数年前、自分は商用で上京する友人を（大阪の）梅田駅頭に送ったことがあった。そのとき、せめて自分も一度は要務を帯びて上京しうる身分になりたいものと痛感したのを、けさたまたま思い起こして感慨実に深かった。

爾後《じご》幾星霜、職工時代、小製造家時代、自分はその境遇に応じ、一日一日にまじめな努力を続けてきた。それが幸いに今日の結果を招来したのである。古い言葉であるが、「事の成るは決して成るの日に成るにあらず」との感をいまさらながら深くしたのである。

いたずらに大志を抱いて焦慮《しょうりょ》するのは愚である。

踏み出す一歩一歩に最善の注意をはらいつつ、その日の責務を完全に遂行することの蓄積こそ、やがて目的の彼岸に到達するの捷径《しょうけい》であることを考えられたい。

［一九三三年五月二十八日］『松下幸之助発言集29』

この講話の前年に、壮大な二百五十年計画を発表したといっても、現況はすぐに変わらない。幸之助は徹底した現実重視の人であった。一九六七年、幸之助が七十歳を超えたころのこと。ある成人式で講話を頼まれ、こんな話をしている。

「大志を抱くということも、それ自体はまことに大事で立派なことですが、大志を抱くがために、遠く遠方をみつめてきょう一日の足もとを顧みないというような場合も、私は相当あるんやないかという感じがします。大志を抱いて成功しないという人もある。大志を抱かずして一日一日を積み重ねて、ついに大志を抱いたと同じような成果をあげるという人もある」

後者は幸之助自身であろう。成功をおさめるにも、いろいろな道の歩み方があるというこの見方・考え方は、幸之助の心底に絶えずあったものだった。

03 人は常に〝忙しさ〟をもつことが必要である

このたびの上京では、内は非常な忙しさ、すなわち（大阪の）門真《かどま》の（新本店）建設の竣《しゅん》成《せい》が近づいて一日も監督をおろそかにできぬのと、一般需要期に入ったのとを控えて、急々帰店の必要に迫られた関係上、張り切った気持ちで事にあたったため、短時日に相当多くの要件を完全に果たしえた。これを思うとき、人は常に忙しさをもつことが必要である。忙しさをもつときは決して気分に緊張を失わず、したがって物事を処理する上にも迅速にしかも有効に働きうるのである。

十二、三年前、創業まもない時代、東京への進出を始めたころの自分は、三等の夜汽車で一睡の夢さえ結ばず、翌朝着京するやただちに取引先十数店を、地図と首っ引きで駆けまわって用件をすまし、すぐその夜の列車で帰阪という激しい仕事をかなり長いあいだ続けた。その時代の真の緊張したる気分は、これによって十分の効果をあげ、しかも元来頑健ならざりしにもかかわらず、一回も健康を損ねたこともなかったのをたまたま思い浮かべ、〝すべては緊張したる気分〟であることを自覚するとともに、今後この気分をもって万事に処するつもりである。

修養途上にある諸君は、ことさらこの点に心をいたしてもらいたい。

［一九三三年六月八日］『松下幸之助発言集29』

04 断じて不当の利益をむさぼらなかったことを矜持とする

営利は商人の一大目的である。利益なくしていかなる事業も発展するはずがない。しかしながらそれは不当な利益であってはならない。

ナショナルの電気コタツ（1929年）

松下電器創業以来の業績を顧みるとき、終始きわめて妥当なる利潤をもって製品を市場に提供し、断じて不当の利益をむさぼらなかったことを矜持《きょうじ》とする。したがって、正当の競争はしても一定の利潤まで捨てるような競争は一回だにしなかったのである。かつて本所（一九二九年〜三五年まで社名は松下電器製作所だった）のナショナルコタツ出現までは、電気コタツは某社製（価格六円ぐらい）が市場を独占していたのだが、本所のナショナルコタツは、優秀なる点において某社製をしのぎ、しかも値段はその半額に満たざる二円七、八十銭で市場に送り出されたため、果然大好評を博し、今日では全国需要の約七、八割を占むるにいたった。しかもこの値で本所は相当の利益をみている。これらを正当なる競争といってよいと思う。

近時、不況に伴い誤れる競争をやる者が続出してきたが、それはいずれも誤れる業者というべきで、永続すべくもないと知りつつあえてやっているのである。これらは問題外として、かの世界的に有名なる英国の某会社のダンピング政策、その膨大なる財力を背景に非道な競争をもって世界各国の業者を圧倒し、自己を利するに手段を選ばざる行為のごときは、憎むべき大罪悪ではなかろうか。

［一九三三年六月二十四日］『松下幸之助発言集29』

「利益」との向きあい方についての幸之助のエピソードは数限りない。そしてその姿は、ときに人間臭く、実感を伴うものが多い。

起業したころの幸之助は、日々の生活のために利益を得る以外、考える余裕はなかった。事業が伸び始めたころは、課税のあり方があまりにも理不尽ではないかと思うところもあった。しかししだいに、会社は社会の公器であることに気づき、その社会的責任を認識するにつれ、考え方を変え、やがては営利と社会正義の調和を謳う経営理念を掲げるようになった。

リーダーは、幸之助がそうであったように、日々考え方を成長させることが求められよう。

05 設備投資をしたそのときすでに、損失が生じていることを意識せよ

物品を購入するとか、工場、住宅を建築するとか、あるいは機械の設備をするとかの場合、それに金を投じたときにおいて、必ずすでにその幾割、物によっては半額以上の損失が生じているのである。いったん買い取りまたは設置した上は、そのまますぐに転売してもなかなか元値では通らない。多くの人はこれに考え及ばず、建設、設備購入に投じた資金はそのままの価値あるもののごとく考えるようだが、それは大きな錯覚である。

だから物を買い入れ、または建設せんとする場合は、必ず損失を意識し、よく検討してその犠牲ぐらいはゆうに償い、なおはるかに余りありとの確信を得たるのちにおいてなすべきである。

［一九三三年六月二十六日］『松下幸之助発言集29』

06 わずかと思って支出する経費や消耗費の集積ほど恐ろしいものはない

油断大敵ということは、何人《なんぴと》も小学校時代から印象の深い言葉である。そしてこの言葉が、日に伸び月に進み隆盛を見ている現下の本所にとって最も適切な戒めであると、深く考えられる。およそ世間を見ても、組織が膨張することはやがて崩壊への道程である例がすこぶる多い。組織が大きくなればなるほど、人々はただその華やかさに眩惑《げんわく》され、つい浮ついた気持ちとなりやすく、部分部分のすみずみまで統制が届かず、経費はかさむばかりでついには崩壊へと導くのである。

目下の本所の内容に、この傾向が潜んでいないといえるだろうか。この意味において松下電器は今、躍進と崩壊の分岐点に立っているのである。

ある人は言う、「松下はすばらしい発展だ」と。またある人は言う、「すばらしい発展に伴う経費の膨張は必定、製品の上に響いて、今後松下の品物は高くなるだろう」と。

しかり。このままうかうかといけば、生産原価が上がり高く売らなければならなくなり、ついには衰亡へと急ぐのみだ。

大量生産による廉価といっても、それは真に合理化されたる経営によって実現できるのであって、決して工場の増設、設備の改善のみではなしうべきものではない。これを生かすのは人である。

真に自覚したる各員の努力にまたねばならぬ。そこで、さしあたっての喫緊方策として、少なくともここ半年のあいだ、徹底的に経費の節減を断行してもらいたい。

人々がわずかわずかと思いつつ支出する経費、あるいは消耗費の集積ほど恐ろしいものはない。本所将来の発展衰亡は、かかって諸君の双肩にあることを考え、一事一物にも細心の注意を怠らざるよう、この際特に一言いたしておく。

［一九三三年六月三十日］『松下幸之助発言集29』

忙しい日々の中でも憩いのひとときを楽しむ幸之助（写真右、1933年）

07 〝言っても用いてくれない〟など考えるのは姑息だ

いかなる会社、商店においても、経営の効果をあげんには従業員の和を最も必要とする。すなわち本所の信条（「向上発展ハ各員ノ和親協力ヲ得ルニアラサレハ難シ　各員自我ヲ捨テ互譲ノ精神ヲ以テ一致協力店務ニ服スルコト」）にもこれを第一義としたゆえんである。しこうしてこの〝人の和〟を経営の上に反映するには、各人の抱懐する意見にしていやしくも〝本所のため〟と思うことは、その大小を問わず、主任なり自分なりへ斟酌《しんしゃく》なく提議してくれることである。

一人でも多くの人の意見を聞き、これを総合按配《あんばい》してこそ、そこにほんとうに諸君の和による指導精神が生まれるのである。しかしながら、諸君がすこぶる結構な案として提出してくれたことも、場合によりいちいちこれをとってただちに実行に移せないときもあるが、それはいつか形を変えてでも必ず実現するのである。〝言ったとて用いてくれない〟など考えるのは姑息《こそく》だ。

われわれの経営体である以上、われわれによってもり立てていかねばならぬのであるから、今後諸君において〝よし〞と思うことは、どしどし聞かせてくださるように切望する。

〔一九三三年七月十一日〕『松下幸之助発言集29』

幸之助は「和」を重んじた。幸之助が創業、創設したパナソニック、PHP研究所、松下政経塾という三つの団体それぞれに、和の重要性が明示されている。

パナソニックには、「私たちの遵奉《じゅんぽう》すべき精神」という指導精神があり、その七つの精神の三番目には以下のように記されている。

「和親一致の精神　和親一致は既に当社信条に掲《かか》ぐる処《ところ》個々に如何《いか》なる優秀の人材を聚《あつ》むるも此《こ》の精神に欠くるあらば所謂《いわゆる》烏合《うごう》の衆にして何等《なんら》の力なし」

一九四六年創設のPHP研究所の信条には、「われらは　謙虚なる心を持し　和親一致この念願を貫かん」とある。

そして一九七九年に設立した松下政経塾には、日々唱和する「五誓」の五番目に「感謝協力の事　いかなる人材が集うとも、和がなければ成果は得られない。常に感謝の心を抱いて互いに協力しあってこそ、信頼が培われ、真の発展も生まれてくる」と示されている。

08 叱られて反感をもち不愉快な態度を示すような人はそれでもう行きづまりだ

叱ってくれる人をもつことは大きな幸福である。

自分は長上の身寄りが一人もなく、叱ってくれ手のない寂しさを痛感している。何人も、より多く叱ってもらうことにより進歩向上が得られるのだ。この意味において、近ごろ各部主任者に対し、部下指導の上に徹底的叱正《しっせい》の必要を説いている次第である。

しかしながら、叱るほうでも真の親切から叱る以上、あくまでも矯正するところまで叱り通してやる根気がなければならぬ。叱られるほうもまた、叱ってもらうことは自己向上の一大資料たるを感じて、これを受け入れてこそ、そこに効果が生まれるのである。

叱られて反感をもち、不愉快な態度を示すがごときは、再び叱ってもらえる機会を失うとともに、自己の進歩はもうそれで行きづまりとなるのであって、思わざるもはなはだしいものといわねばならぬ。

修養途上にある諸君は、叱ってもらうことの尊さを知り、叱られることに大いなる喜びを感じる境地に到達しなければならない。

［一九三三年七月二十一日］『松下幸之助発言集29』

「叱る」ことは、幸之助が生きた時代と比べると、ますますリーダーにとってむずかしくなっている。しかし「叱る」効用や意義がなくなったわけではない。

青年実業家時代の幸之助の叱り方は、とてつもなく厳しかった。夫人・むめのは晩年に、「主人も年をとってまいりましたから、少しは融通がきくようになりましたけれど、若い時分はそうはいきませんでした。自分の思ったとおりに人がやらなかったら、ぼろくそに言って怒ったものです」と証言している。その一例として、後藤清一のケースがある。後藤は松下電器から、のちに幸之助の義弟・井植歳男が創業した三洋電機に転籍し、副社長まで務めた人物である。

後藤はある寒い時期の深夜、仕事上の失態が露見して呼び出され、幸之助の前に立たされた。そこには石炭ストーブが焚かれており、幸之助は火かき棒が折れ曲がるほどに、石炭ケースを連打しながら叱ったという。後藤は貧血を起こすほど罵倒されたが、幸之助は説教がすむと、態度を変え、曲がった火かき棒を後藤に元のかたちに戻させ、なんと後藤のその手際のよさもほめた。さらに帰途につく後藤を、自分の秘書の運転する社用車で後藤の自宅まで送り届けさせた。秘書は、後藤の妻に「きょうは叱りすぎたので、自殺をしないように気をつけてくれ」という幸之助の言づてを伝えて去ったという。

幸之助の叱責は、仕事の良し悪しに対するものであって、部下の人格や資質を否定するようなものではなかったことを示すエピソードである。

09 目のひらめきや唇の動きが電波のごとく部下に伝わってこそ

「以心伝心」ということがある。

事業を経営する上においても、統率者と部下とのあいだがそこまで到達しなければ、効果をあげえない。いちいち指導をし、また命令を受けていたのではすでに遅い。統率者の目のひらめき、唇の動きが電波のごとく部下に伝わってこそ、敏活なる仕事ができるのである。

しかしながら、この境地にはなかなか達しがたいものであるが、近ごろ諸君の中に、だいぶこの気分の醸成せられつつあるのを見て、大いに喜びとしている。そしてこれは単に自分と諸君とのあいだにおいてのみならず、願わくは松下電器全員相互のあいだに、完全にいわゆる以心伝心が行われるところまで到達し、もって経営の上に有効ならしめたいものである。

［一九三三年七月二十四日］『松下幸之助発言集29』

10 真の和親一致なき集団はどれほど立派な人々を擁しても〝烏合の衆〟だ

近時、本所の発展に対しその原因は那辺《なへん》にありや、あるいはここにいたらしめたる経営の秘訣は等々の質問を受けるが、さて的確な回答をちょっと簡単に示しがたい。これに対しはっきりと本所を認識せしめる資料たるとともに、われわれのぜひ遵奉すべき精神を掲げたのが、すなわちあの通達（一九三三年七月三十一日配布の所主通達第二号「松下精神制定の件」）にあげた五精神なのである。

第一の「産業報国の精神」はすでに綱領（「営利ト社会正義ノ調和ニ念慮シ国家産業ノ発達ヲ図リ社会生活ノ改善ト向上ヲ期ス」）に示すところであって、産業人たるわれわれの第一義とせねばならぬ精神である。本所が呱々《ここ》の声をあげた当時より、特にこの精神にもとづいたわけではないが、その業績を顧みるとき、完全に本精神に合致してきているのである。今まで汚い行いをしていたものが急に美しい看板を掲げたとて、かえって醜さを感じさせるのみであるが、本所のそれは決してさようではなく、創始以来事実のままをここに新しく掲揚したところに価値があり強さがあるのだ。

創業第一回の製品、アタッチメントプラグといい、二灯用（差込み）プラグといい、断然市場に歓迎されたのは、在来品に比しその正当なる利益による価格の低廉と品質の優秀さが、需要者に満足を与えたことに起因するからである。その後、終始本所は、断じて不当の利益をむさぼらないことをもって一貫し、いささか社会に貢献しつつ今日にいたったのである。されば、将来さらにこの精神を涵養《かんよう》遵奉するとともに、外部に向かって高調しなければならぬ。

第二の「公明正大の精神」は、真に人としての道である。いかにすぐれたる学識才能を有するも、この精神に欠くる者は、もって範とするに足らない。この点においても、従来本所のとりきたった道は決して はずれていない。

新製品を売り出す場合など、多くのメーカーは、その生産原価のごときは秘してなかなか話さないものであるが、本所は必ずこれを明らかに発表する。ムダなかけひきや術策は用いない。そしてこれに妥当な口銭をもらうことに了解を得た上、売価を決定している。かくのごとき点が取引先の人々からしだいに認められ、おかげで今日の伸展を見たのである。

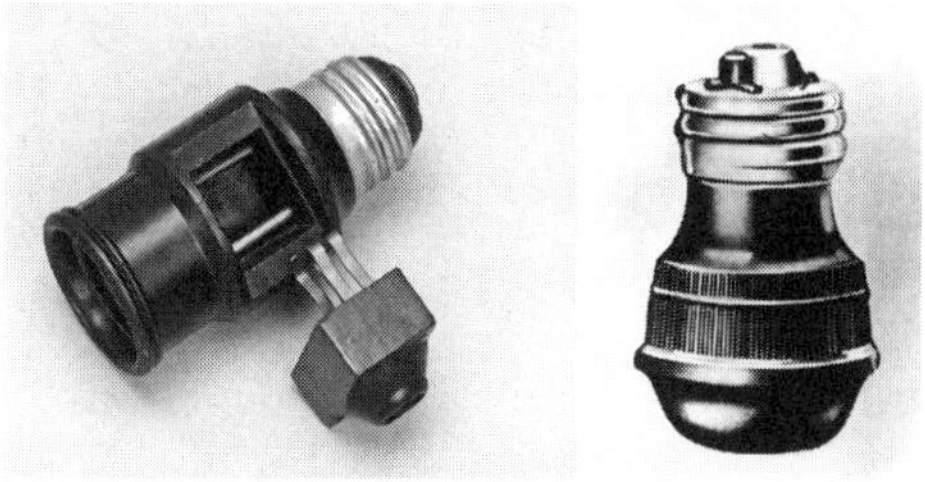
写真右がアタッチメントプラグ（1918年）、左が二灯用差込みプラグ（同年）

第三に掲げた「和親一致」ということは、大は世界、国際間に、小は二、三人の集団においてもぜひ必要として叫ばれているのであるが、なかなかその実はあがらない。有識階級の集団ほど、表面はきれいであるが内部の和合がむずかしく、かえってそうでない人たちのあいだに、美しい融合が往々見られるのである。それは、有識者はどうしても自己を信ずる念が強く、どこまでも自己の意思を通そうとするところに悩みがあるに反して、そうでない人たちはさっぱりとした気持ちでとけあいやすく、折れあいやすいからではなかろうか。

本所は和合のよくできた店と各方面から見られているが、まだまだ完全なる和親一致には達していないと思う。真の和合を望む上は、信条にも示すとおり「自我」を捨てねばならぬ。

自我を捨てよと言えば、人格を無視した言葉と思うかもしれぬが、それは大いなる誤りである。決して黙々たる人形たれと言うのではない。是と信ずることは堂々主張し、さて最後の裁決に対しては淡々として裁決者の裁決を尊重する雅量をもて、と望むのである。これでこそ自我を捨てて集団を生かし、やがて自己を生かす最善の行き方である。諸君願わくは怠らざる修養によって小我を捨てうるの人となり、真に和親一致の実をあげていただきたい。本精神なき集団は、いかなる立派な人々を擁していても、いわゆる烏合の衆で何らの力もないのである。

［一九三三年八月三日・四日］『松下幸之助発言集29』

幸之助が述べているとおり、松下電器の社員を善導するために掲げられたのが、「遵奉すべき五精神」である。この講話の翌日、幸之助は第四の精神「力闘向上」の必要性も訴えた。躍進する松下電器においてはさらに旺盛なる力闘心が必要であり、力闘こそすべてを生かし真の平和を生む向上への唯一の手段であって、同精神に欠ける人はどんなに立派でも、魂のないロボットにすぎない、というのである。さらにその二日後、「礼節は生物のうち人間のみがもつ特権」と言い、「礼節を尽すの精神（のちに礼節謙譲の精神）」を提唱、前掲の四精神とあわせて「五精神」とした。五精神は四年後に「順応同化の精神」「感謝報恩の精神」が加えられ、七精神となり、パナソニックの企業理念として、現在まで大切にされている。

そのパナソニックに現在は事業統合されている会社の一つに、松下電工という企業があったが、その経営は、幸之助がだれよりも重き信頼を置いた部下の一人に任せられた。丹羽正治である。

丹羽は社員への訓示の中で「（幸之助は）『大きい会社』という標榜について力説をされたことはなかったと思う。それよりいろいろの点で『良い会社』であるように、さまざまのご指示があった。いろいろの点でと申したが、それを更に具体的にいうなら、まず第一に綱領や信条並びに私共の遵奉すべき七箇条の精神をお示しになっている。これらは皆大きくなれよという要望ではなくて、立派になれよということばかりである」と述べたことがあった。

また同様に、松下電器の第六代社長を務め、「創業者と同行二人」の経営を実践しようとした中村邦夫（現パナソニック特別顧問）も、幸之助創業者の社員に対する願い、「しっかりやれよ」という想いが込められているのが、七精神だと認識していたという。会社がまだ小規模な草創期は、幸之助創業者も社員と直接向き合い、語り合うことができた。それは創業者にとって、まさに悦びであったにちがいない。けれども会社の規模が大きくなるにつれ、どうしても社員と直接対話する機会が少なくなる。そうした中で、社員が立派に日々成長してくれることを願って、創業者は五精神（のちに七精神）をつくったのだろう、とも中村は推測している。

11 目礼ぐらいは交わそう

よいことと知りながら、さて実行となるとなかなかむずかしいのが人の常である。

かねて諸君にお話ししたお互いのあいだの礼儀、廊下の行き合いにも目礼ぐらいは交わそうというはなはだ簡単なことですら、まだ一般に十分に行われていないのをときどき見かける。ちょっとした言語動作が相手方の好感をひき、ゆかしき人、信頼すべき人としてしだいに尊敬せられ、立身出世のカギともなるを思えば決して些事《さじ》ではない。

一つのことをやろうとなると、一度や二度言ったくらいではなかなか実行できないといわれるが、実際こんな簡単なことでも一回では実行できないのを考えてみると、もっともとうなずかれる。

自分は今後、三回でも四回でも実行されるまで言うつもりであるから、諸君も礼儀正しい習慣をつけるためにも、まずこの目礼を実行してほしい。

［一九三三年八月二十二日］『松下幸之助発言集29』

12 〝間違いのない人〟〝信頼すべき人〟であれ

人には種々の型があるが、そのうち信頼できる人と、何ごとも相当できるのにかかわらず、なんとなく頼りない人とがある。

前者の「できました」と報告した仕事は、そのまま安心して受け取れるが、後者のそれには、たとえ間違いなしとあとで調べて分かるとも、再度の調査をせねば気がすまない。そこにそれだけ時間に手数に不経済が生じ、これが長いあいだ続けば続くだけ、双方の精神的、物質的の損失の莫大《ばくだい》さは測り知れないのである。

「人間だから間違いの絶無は期しがたい」というが、さような気持ちでは決して正確な仕事ができるものでない。「断じて間違いはない」のでなければならぬ。諸君もどうか〝間違いのない人〟〝信頼すべき人〟たるべく、ひたすら修養を積んでいただきたい。

〔一九三三年九月二一日〕『松下幸之助発言集29』

13

一見して商品の特質、良否を直感できるくらいの修練を積んでこそ

いかに優秀なる品を製作しても販売方法が当を得なかったら、製品の価値が減殺《げんさい》されてしまうのであるから、販売の衝にあたる諸君はこの点を深く意識し、一見して商品の特質良否を直感できるくらいの修練を積み、商品を真に生かして販売することに心がけられたいのである。

〔一九三三年十月二十二日〕『松下幸之助発言集29』

幸之助は直感を大事にしていた。ここでは販売担当者に求められる直感を示唆しているが、その重要性は、物づくりの面でも説かれた。たとえば創業当初、使用していたポンス（型押しなどをする機械）の調子が悪いと、その音で幸之助は瞬時に分かったという。

また、電池の不良が解決できないある責任者に、自分が手がける製品をずっと離さず身近において眺めたりしていると、製品のほうから「こうしてほしい、ああしてほしい」という声なき声

が聞こえるぞということを語ったこともある。

幸之助の言う直感とはそれほどに、現場・現物に真剣に向きあう中で磨かれるものなのかもしれない。

14 どんな仕事の上にも考案・発明がなければ進歩向上はありえない

近来、本所も著しく拡張し、いくつもの部課ができ、それに従事する諸君がいずれも精励を続けてくださることはまことに結構であって、なおこの上とも仕事の上に新工夫を凝らし、能率を上げていただきたい。

一般世間では、考案とか発明ということは、理化学的にあるいは機器工作等の上に限られたもののように考えられているが、考案、発明は決してさような狭い範囲のものではない。いかなる仕事の上にも、考案、発明がなければ進歩向上はありえないのであるから、いずれの部署に属する人も、自己の仕事に新しい効果的発見を求められるように心がけられたい。

［一九三三年十一月二日］『松下幸之助発言集29』

考案・発明を奨励した幸之助の意を受けてのことだろうが、一九四一年に松下電器で発表された社内「発明者考案者の番付表」では、幸之助は西の横綱にランクされている。当時は幸之助みずから製品改良の先頭に立っていたことが分かる。

ちなみに同番付表で東の横綱だったのが、のちに松下電器副社長・技術最高顧問を務める中尾哲二郎である。中尾は技術者として、松下電器の一九三〇年代の急速な伸展の主力商品となったスーパーアイロンやラジオセットを開発するなど、幸之助の期待に応え続けた人物である。中尾は、アイロンにせよラジオにせよ、幸之助の「きみならできる」という激励に奮起し、開発に成功することができたという。幸之助が考案・発明の分野を早期に現場に任せ、経営に専念できるようになったのは、この中尾の存在が大きかったからともいえる。

15 値切って憎まれるどころか感心される域に

今は故人となられたが、かの岸和田の寺田甚與茂《てらだじんよも》翁（一八五三〜一九三一、大阪の実業家）について、つぎのような話を雑誌のゴシップ欄か何かで読んだことがある。翁がかつてある所用の帰途、北浜からバスに乗った。一区だろうと思っていたところ、さて切符を切る段になって二区とのことに、翁は走りかけていた車を断然止めさせて、電車に乗り換えた、と。一見はなはだ非常識なようだが、考えてみると一代にしてあれだけの富豪となった寺甚さんの人格が現われていてまことに面白い。

私は、このわずか五銭の金といえどもおろそかにしない点と、人前をもはばからないで断然車を止めて降りた強い意志に深く感心する。この強き意志こそ、われわれの大いに学ぶべき点であると考える。

本所の元代理店で、大阪でも一流の問屋と認められていた店があった。その店の主人はたいへん派手な人で、その経営ぶりもすこぶる華やかで、私たちに向かってもよく、「自分は仕入れにあたって値切ったりなんかして商売しようとは思わない」と、いかにも紳士らしいことを言っていた。しかしその店は、のちいくばくもなくつぶれてしまった。商人にして一銭をおろそかにする者に決して繁栄のあるはずがない。

この二人を対照して見るに、寺甚さんのほうは、細かいことをもおろそかにせず、また仕入れに際して値切ることもうんと値切ったが、それがかえって相手を刺激向上せしめることともなり、しかも事業の成功に伴い大きな功績を社会に残している。これに反してさきの問屋の主人は、なるほど言うことは紳士らしいことを言ってそのときは喜ばれもしたが、結局失敗して、多くの取引先に大きな迷惑をかけている。このことを考えれば、われわれ商人の進むべき道はおのずから明らかであろう。

物品の仕入れに際しても、高く買って侮られる場合があるし、またむやみに値切って憎まれる場合もある。われわれは値切って憎まれず、かえってあとから相手に感心される域にまで修業を積まねばならぬ。

［一九三三年十一月二十日］『松下幸之助発言集29』

幸之助の場合、「値切りを断って」感心されることも体験している。

東京に初めて、みずから営業・販売に行ったときのことである。問屋を回ると、関西からの新参者ゆえに値引きが要求された。思案して結局、その要求に応じようとした幸之助だったが、はたと思い直し、「この商品は私を含めて従業員がほんとうに朝から晩まで熱心に働いてつくったものです。原価も決して高くついていません。むしろ世間一般に比べれば相当安いはずです。もちろん、高いから売れないだろうと考えられるのであれば、それはしかたがありません。しかし、そうではなく、これで売れると思われるのであれば、どうかこの値段でお買いあげください」と訴えた。すると気魄《きはく》が通じたのか、問屋は幸之助の価格に納得したという。

価格には、経営者の哲学や価値観が反映されていることを考えさせられる。

16 自己の立場から見たままを考えたままを、すべての相手にしいることは間違いである

自分はかつて電灯会社に勤めていたが、その当時の自分の仕事は電灯の取り付けであった。それには屋内の工場もあれば、屋外で工事をしなければならない場合もあった。こんな仕事の関係上、冬が最もつらかった。骨を刺すような寒風にさらされながら、息も凍るよう

な大屋根の上などで幾時間も働くときは、寒さがしみじみと身にこたえた。

それゆえ冬になれば、今年の冬はどうか暖かであれかしと願い、また毎朝、仕事の伝票を受けに行くときには、心ひそかに屋内工事であれかしと祈ったものであった。ところが三、四年来、本所がコタツの製作を始めてからは、どうも毎冬が暖かすぎるように感じられてしかたがない。今年などことに暖かくて、どうしてこう暖かいのだろうかと腹立たしくなるくらいである。

これを思うとき、人間は立場の相違によって、同じことに対しても全然反対の見解が生ずることを知らねばならぬ。

されば、自己の立場から見たまま考えたままをすべての相手にしいることは、間違いである。常に十分の理解力を養うて、人に対し事にあたるならば、対外的に大いなる効果があるのみならず、内部における和親一致も期せずして得られるものと考えるのである。


［一九三三年十二月五日］『松下幸之助発言集29』

17 真に自己の適所を見いだすことは、いろいろな経験を積まなければ困難である

諸君は、わが松下電器に勤務せられる以上、一面、本所の諸種の仕事に従事するとともに、反面その間《かん》に自己の修養を心がけるをもって本旨としなければならぬ。

諸君は、本所の都合上いつどこへ転勤を命ぜられるかもしれぬが、本所においては、本支店、工場、どこでもその指導精神は同一であり、いかなる仕事も本所のためであり、同時に諸君自身の修養でもあることをよく考えねばならない。

しかるに、このごろ転勤した人の中に、どうしてもあそこでは仕事がきつすぎる、あの仕事は自分の性分に合わない、またあの主任の下ではどうも働きがいがないように思うと、不足をもらす人があると聞いた。これはただ自己を中心として物事を考える弊で、どこで何の仕事をするも松下の仕事であり、かつまた自己の修養であることを考えない気ままの表われである。

適材適所はもとより理想であるが、真に自己の適所を見いだすことはなかなか困難なこと

であり、それまでにはいろいろな経験を積まねばならぬ。いかなる指導者の下にあっても、自己の心のもちようで修養はできるものであり、性格、意見の異なった指導者の下にあってこそ、かえってよりよく修養が得られるものであることを深く考えなければならない。

［一九三三年十二月十二日］『松下幸之助発言集29』

「適材適所」を実現することがいかにむずかしいかは、数人でも部下をもち、その人材をどう活かすかについて頭を悩ませたリーダーなら納得できよう。幸之助は自著『人を活かす経営』でこう述べている。

「その人が適任であるのか不適任であるのかということは、きわめて重要な問題である。そこに経営者としての的確な判断が求められるわけだが、それは実際にはよくわからないことが多い。もちろん話をしてみたり、顔つきを見てみたり、あるいは才能試験のようなことをしてみれば、ある程度のことはわかるだろうが、本当のところはなかなかわからない。そこでどうするかというと、私の場合、この人だったらだいたい六〇パーセントぐらいいけそうだと思ったら、もう適任者として決めてしまう。そうすると結構うまくいく場合が多い。

もちろん、何とか八〇パーセントの可能性のある人をさがそうということで、いろいろな角度から選んでそれに足る人をさがせば、そういう人をさがしあてることもできると思う。そして、そういう人が見つかれば、それに越したことはない。しかし、そのためには非常な時間と手間がかかる。それはある意味では大きなマイナスになる。だから、もうだいたい話してみて六十点の実力があるなと思ったら、『君、この仕事をやってくれ。君なら十分いけるよ』というようにしてしまうのである。そうするとたいていうまくいく。なかには百点満点というような仕事をする人もある。もちろん、ぜんぶがぜんぶそううまくいくというわけではなく、なかには失敗する人もある。もし六人の人がいたとすれば、三人はうまくいって、二人はまあそこそこである。あとの一人がときに失敗する、というような状態が私の場合は多かったように思う。

そこで失敗した人には、『君は失敗したから私が手伝おう』ということで、私なりに気づいた点を注意しつつ応援する。それでうまくいくようになる場合もあるし、それでもなおうまくいかない場合もある。うまくいかなければ、さらに深く検討して、その原因がどこにあるかをさがす。私はそういうようにやってきた。そうすると、最善とはいえないけれども、だいたい七〇パーセントの成果というものが継続的にあがってくる。それが今日の松下電器をつくり出した一つの要因といえるのではないかと思う」

長い引用になったが、こうした価値判断で、幸之助は人を活かす努力をしていたのである。

18 努力に対して十二分に報いられるときは、崩壊への道をたどるとき

人として世に処していく上において最も危険な状態は、なすことがうまくいって有頂天になっているときである。失敗の因は多くここに胚胎《はいたい》している。されば人は、他から常にいくぶんの脅威を感じて働いているときが最も安全である。

人間本性の反面には、多分に悪をもっているものである。しかしその悪は、種々の世間からの非難を恐れて常に抑制され、修養によってようやく正しき道を歩んでいるのである。これを考えるとき、人は絶えず何ものかの監督下におかれて、刺激され鞭撻《べんたつ》を受けることが必要であって、これによって緊張を失わず、努力もし、向上も得らるるものと考える。

現時の本所において、われわれは努力に対し八分の報酬しか受けていない。しかしこれが十二分に報いられるときありとするならば、それはやがて本所が崩壊への道をたどるときである。八分の報酬によって懸命に、十二分の努力をはらうところに、ますます本所の将来が約束されるものと確信する。

（大阪・門真の）当工場本店を建設して、世間から驚異の目をもって見られ、非常な称賛を受けているが、決してこれに得意になり、有頂天になってはならない。この建設には相当の資本を投じたのであるが、この資本は今なお一銭の収益をも生まず、ようやく他工場の収益によって償われている実情にある。さればこの点を十分意識して、ともに目的達成に邁進していかなければならないと痛感する次第である。

〔一九三三年十二月十三日〕『松下幸之助発言集29』

19 事業に携わる者は、常に日に新たなるものがなければならぬ

近ごろ市内の要所要所に、「神戸行二十八分」という阪急の、大きな広告看板が出ている。すばらしくスピードアップされたものである。阪神もこれに対抗して三両連結の超特急を運転し始めた。十年前を回顧すればまったく隔世の感がある。

かくのごとき時々刻々に進みつつあるめまぐるしい世の中において、十年一日のごとき方法で経営していたのでは、落伍者《らくご》の嘆きを見ることは必定《ひつじょう》である。われわれ事業に携わる者は、絶えずこれを意識し、きのうよりきょう、きょうよりあすへと新発見を求めて進まなければ、とうてい頭角を現わすことはできない。わずかに他に伍していくだけでは何らの意義もない。

いかなるところにも新工夫をなしうるものであるから、常にこれに頭を用い、同じく忠実に業務に服するにしても、その間《かん》に日に新たなるものがなければならぬと考えるのである。

［一九三三年十二月十五日］『松下幸之助発言集29』

日に新たなるものがなければならぬ——幸之助が、自身に求め、社員にも求めたものとして、この考え方は重要であった。松下電器ＯＢが語る次のエピソードがそのことを如実に物語る。

幸之助が何の前触れもなく、営業の現場を訪れたことがあった。企画課長の机につき、たまたま置いてあった自転車ランプを手に取り、「今のスイッチはどのようになっているのか」と訊いた。「今もそのスイッチを使用しております」と答えると、幸之助は顔色を変えて、叱り飛ばした。なぜか。その製品が幸之助が製造したころのものと大して変わっていないからであった。

「これはぼくがつくったものやで。きみのつくったスイッチはどれやねん。きみは何もしていないのか。きみ、給料返せ！　返してくれ！」という怒声が所内に響きわたったのである。平身低頭の課長に幸之助は、「きみならやってくれると思っていた。今でもそう思っている」と言い残して場を去っていく。その後、叱られた課長と部下たちは大いに奮起し、活躍したという。

20 われわれはわれわれの仕事をいずれも一つの経営と考えなければ

諸君は一日の勤務を終えて、相当疲れておられるだろうが、思いついたことがあるのでちょっとお話し申しあげたい。なお今後終業時にも、必要あるごとに簡単なお話をするつもりである。

近ごろ店の拡張された関係もあってか、全体の人がただ仕事をするということにとらわれて、もっと能率的にする方法はないかということには考えを及ぼさず、ただ事務的に流れてきた傾向がある。これではならない。これでは決して進歩は望めない。

われわれはわれわれの仕事を、いずれも一つの経営と考えなければならぬ。どのような小さな仕事もそれが一つの経営なりと考えるときには、そこにいろいろ改良工夫をめぐらすべき点が発見され、したがってその仕事の上に新しい発見が生まれるものである。

世間すべての人々が同じように努力しながら、成功する人はまれであるのは、いま言うところの経営の観念に欠け、何らの検討工夫をなさず、ただ仕事に精出しているにすぎないからである。

本所もかくのごとき人々の集団であるときは、その将来も危ぶまれる次第である。一人で世間へほうり出しても立派に独立独歩し、何をしても一人前にやっていける人々の集まりとなってこそ、所期の目的が達せられるわけであり、かつ、かく経営者たるの修養を積むことによって、諸君各自の将来もいかに力強きものがあるかを考えねばならぬと痛感する次第である。

［一九三三年十二月十六日］『松下幸之助発言集29』

幸之助にとって「人を育てる」とは、結局「経営の分かる人」「どんな小さな仕事でも経営的な感覚をもってできる人」を育てるということであった。

そのためには、思い切って任せることが、前掲（17項補説）のように、どうしても必要となる。

この講話をした翌年の正月、幸之助は「お年玉をあげよう」と述べて、「経営のコツここなりと気づいた価値は百万両」という言葉を社員に披露した。その〝お年玉〟の意義に素直に感動し、金科玉条として、以降の活動指針にした社員もいた。のちに経理担当役員として活躍することになる樋野正二である。樋野は、自著『「松下経理大学」の本』でこう述べている。

「松下電器の全従業員は経営者（幸之助のこと）と同じ考え方を身につけることを目標とすべきであろうと思うのです。どんなポストにいても、日々の業務について、また物の見方、考え方についても経営的にどうであるべきか、どうすれば経営管理に役立ち得るかをつねに考え、研究、研鑽を積まなければならない。この努力を続けることによって初めて経営のコツが体得されるのではないでしょうか」

そして幸之助の考えを「つねに念頭におき、業務に精励していて、こうだと思いついた時、この時ほど自分自身にとって大きな喜びを感じることはないでしょうし、それが百万両の価値を生むのだ」と理解し、幸之助からの〝お年玉〟を自分たちへの「要求と激励」だと思ったという。

21 一路直進する覚悟を決めているから、遅れないように追いついてきてもらいたい

ひと言年末のあいさつを申しあげる。諸君の協力一致のご精励により、本年度を大過なく送りえたことは実に欣快《きんかい》とするところで、厚く御礼申しあげる次第である。

自分は来年度は、本年度に培うたる力をもって後ろをも見ずに、一路直進する覚悟を決めている。ふり返ったとき、雲霞《うんか》のごとく諸君が追随してきているか、あるいはみな落伍して一人も続く者がいないか、とにかく頓着《とんちゃく》なしに邁進を続けるつもりである。願わくは諸君この意を体し、遅れないように皆が追いついてきてもらいたい。

［一九三二年十二月三十一日］『松下幸之助発言集29』

22
公器たる会社の人物登用上に、個人の好き嫌いをさしはさむことは許されない

先日、本年度新採用者の選考試験の答案を読んでみると、本所の家族的な気風をたたえ、入所修業を翹望《ぎょうぼう》している者が多かった。なお世間からもこの点について称賛を受けている。まことに喜ばしいことであって、われわれはますますこの気分を培養するように努めねばならぬ。

しかしながら、その家族主義の意味するところは、決して松下幸之助個人を中心とする家族主義であってはならない。私自身はただ松下電器において、所主という一つの職務を受け持っているにすぎず、諸君と同じく本所を構成する一分子である。されば松下電器なるものは、決して自分一個のものでもなく、また諸君のものでもない。それはわれわれの力を総合して生ずる大なる力の上に立つ主権のものであり、これこそわが松下電器の本体であると考えて間違いない。さればわれわれは協力一致して、この主権をますます強固に守り育てていかなければならない。この点特に諸君の熟考を煩《わずら》わしたい。

人間である以上、私にも人によって好き嫌いはあり、性格的に気の合う人としからざる人のあることは否めない。しかしながら以上のごとく解釈するとき、私個人の好き嫌いを公器たる松下電器の人物登用上にさしはさむことは断じて許されないことであり、利用すべき力はだれのもつ力でも喜んで取り入れるべきである。

現在私は、さような考えのもとに事を行なっている。されば諸君においても、私に対して何らへつらうことなく、真に力ある仕事をしていっていただきたい。

［一九三四年二月一日］『松下幸之助発言集29』

「企業は社会の公器である」という事業観は「採用」や「人材登用」の方針にも沁みこんでいた。なお、採用に関して幸之助は、好き嫌いのほかにも、組織と人の適合性について、こんなことも言っている。

「私の経験からいうのであるが、人は、その会社にふさわしい状態において集めるべきだと思う。あまり優秀すぎても、ときとして困ることがある。こんなつまらん会社がと思われるより、この会社は結構いい会社じゃないかといって働いてくれる人のほうがありがたい。分に応じた会社に、分に応じた人材ということでいいのであって、あまり優秀すぎる人を集めすぎても、かえってよくない場合があることを心したいものである」

23 一日一円の売上げが二円になることを望み、その日その日を熱心に努力したにすぎない

昔から「千里の道も一歩より」ということがある。実際そのとおりで、すべて物事の達成は決して一足とびにかなうものではなく、一歩一歩堅実なる歩みを続けることによって、到達できるのである。

青年にして大志を抱くこと、もとより結構である。しかし多くの人は、その大きな望みばかりをみつめて、ともすれば足もとがお留守になるから、ついつまずいて失敗をする。むしろ平凡にその日その日の仕事を楽しんでやっていく人に、一歩一歩の向上があり、それに伴う工夫才覚が生まれて、ついに大を成すことが多いようである。

自分も、だいたいにおいて後者のような道をたどってきたのであって、創業当時は一日一円の売上げの二円にならんことを望み、二円を三円にならしめんため、その日その日を熱心に努力したにすぎなかったのである。

若き諸君が遠大の希望をもつことは結構である。しかしそれを達するには、ただ一途、

着々一日一日を充実するにあることをはっきりと意識しなくてはならない。

［一九三四年四月六日］『松下幸之助発言集29』

24 物事を判断するにあたっては、必ず〝よき意味〟に解釈を

かねてわれわれが遵奉すべき精神として選定した五精神（10項を参照）に対し、なるほど立派ではあるが、あれは看板ではないか、と奇怪な質問をした人があった。はなはだしい曲解である。

わが松下電器は、表面に立派な看板をかけることにより名声をかちえようなどとの、さもしい精神は断じてもたぬ。

しかし、神か聖人の域に達しないかぎり、凡人たるわれわれは、ややもすれば、人間欲の醜さにとらわれんとする傾きがあるもので、これなからしめんがため一つの目標を定め、こ

れに向かってひたむきに進むところに修養もあり、ついには、それが確固たる信念となり実行となるのである。

この見地より、われわれが遵奉すべき精神として選定したのが、すなわちあの五精神であって、決して外部より見てもらわんがための看板ではなく、したがって、外部へ向かって麗々《れいれい》しく並べたて売り物にせんとするごときでは断じてない。少なくとも、いたらざるわれわれが一歩一歩これに近づかんことを欲して選定した大きな目標なのである。

われわれは、すべて物事を判断するにあたっては、必ずよき意味に解釈しなければならぬと考えた。いかなる人が制定し、いかなる場所に行われている事柄に対しても、それがよいことであるかぎり、とってもって本所の上にも用いうる襟度《きんど》がなければならぬのである。諸君、この意を了解して誤りなき修業を積んでいただきたい。

［一九三五年五月十日］『松下幸之助発言集29』

25 各人が自分の持ち場では、だれにも負けないように

連日暑さが続くが、まだまだ猛暑の来ることを覚悟せねばならぬ。諸君も十分健康に留意して、病気をしないよう心がけられたい。

昔から「餅《もち》は餅屋」ということわざがある。実際そのとおりで、何ごとでもその道へもっていくのがいちばん能率的である。それで、餅屋は餅屋として最もすぐれたる餅屋でなければならぬように、われわれとしても、われわれの仕事においては断じてだれにも負けないものとなり、他から絶対の信頼を得るようにならねばならぬ。

われわれが仕事をしていく上に、万一間違いをした場合、やり直しということもできないではない。しかしそれではいけない。もし医者であったらどうだろう。ひとたび診断を誤り薬を違えたとしたら、それこそ取り返しがつくものではなく、患者は寄りつかなくなるであろう。

されば、われわれにしても、常に最新の研究を怠らず、各人持ち場持ち場においてはだれ

にも負けない、その人ならではと期待されるようにならねばならぬと考えるのである。自分も事業経営者として最善の経営者たるべく精進している。諸君もどうかしっかりやっていただきたい。

［一九三六年六月二十四日］『松下幸之助発言集29』

26 成功が大きければ大きいほど、社会への報恩の念を深くもたねばならない

何人も社会生活を営んでいくについては、おのおのその分に応じ社会から恩恵をこうむっていない者はない。

そしてそのこうむっている恩恵の量は、いわゆる成功者といわれる人ほど大きいことを自覚せねばならないと考える。商人にしても、政治家にしても、学者、官吏、軍人、その何たるを問わず、成功者はなるほどおのおの自己の職務を通じて社会に貢献していることは事実

である。よってだれしもその面ばかり考え、なお成功はただ自己の努力によるものとしか考えないのであるが、その反面に普通人より幾倍か多く恩恵を、社会から受けていることを忘れてはならないのである。

たとえば軍人の場合を考えてみても、現今《げんこん》将官級に昇る人は、たいてい陸海軍大学校卒業者が多い。将校の中で大学へ入る率はきわめて少数であり、これを卒業して将官級に昇るということは、もとよりなみなみならぬ努力と非凡な才能のしからしむるところとはいえ、陸軍士官学校、海軍兵学校だけを出た人に比して、大学の教育を受けるためには莫大な国費の支弁を受けなくてはならぬのであって、それだけ社会の恩恵に多く浴しているわけである。

されば、いかなる方面においても、成功者はその成功の大きければ大きいほど、社会に対する報恩の念を深くもたねばならぬと痛感するのである。

［一九三六年七月二十二日］『松下幸之助発言集29』

27 自社の広告に関心をもっているか

炎暑の中を諸君の精励により、各分社とも良好なる業績をあげつつあることは、まことに喜ばしい次第である。しかしながらその反面に、製作の方面にも販売の方面にも、広告宣伝方面にも、なみなみならぬ努力のはらわれていることを知らねばならない。たとえば広告のごときにおいても、部員の人々の苦心はたいていではあるまい。

自分は、毎朝食事をしながら新聞を見ることとしているが、まず広告に注目させられる。本所のものが出ているとき、〝これは当を得ている。よくできた〟と思ったら飯が非常にうまく、反対の場合はまったく飯に味がない。諸君ははたして、広告に対してどれくらいの関心をもっておられるだろうか。

製作に携わる人にしても、販売に従事する人にしても、その他の事務をとっている人にしても、自分たちの苦心に成る製品がいかに宣伝されているか、その巧拙によって飯の味が変わるところまではいたらずとも、相当の関心をもつことが当然ではなかろうか。新聞の広告その他、各分社からひっきりなしに出ている宣伝物等はぜひ注意して正しく批判し、気づいた点は穏やかに係へ話すくらいの心がけはもっていただきたいものである。

［一九三六年八月七日］『松下幸之助発言集29』

幸之助の「広告宣伝」への熱意は創業以来のもので、実物宣伝の手法は半生伝『私の行き方考え方』でよく語られている。最初の新聞広告の三行コピー「買って安心　使って徳用　ナショナルランプ」も自作であり、そうした宣伝・広告に対する幸之助の強い関心は、以後もずっと持続されていたようである。

松下電器第二代社長・松下正治の記憶によれば、あるとき、幸之助は大分の代理店を訪問することがあった。その後、別府温泉で休養することになり、夫人・むめのも連れていったのだが、帰途につく列車で、窓から見えるナショナルのほうろう看板がしだいに気になってきた。そこで、むめのに、お互いそれぞれの側の窓から見える看板の数を数えようと頼んだというのである。大変な思いをしたむめのは、半ばあきれつつ、夫の仕事への情熱に感心もしたというが、こうした微笑ましいエピソードからも、幸之助の仕事に対する姿勢が見えてくる。

28 非採用の人は将来お客さんとなる人であり、採用者もまたお客さんである

きょうはちょっと、人事係の人に話そう。

人の採用に際し最も心がけなくてはならぬことは、採用した人はいうまでもなく松下の社員となるのであるが、非採用者は将来松下電器のお客さんとなる人であるとの観念をもつことである。一度松下電器を志望した人は、少なくとも将来松下電器に対し相当の関心をもつはずであるから、これに対し十分によき印象を与えなくてはならぬことはもちろんである。しからば採用者にはどうかというと、この人々は松下電器の店員となるのであるから、どのように扱ってもさしつかえがないと考えやすいが、決してそうあってはならない。世間在来の通念としては、店と店員という関係であるが、実は松下電器の事業遂行の要素となる人で、この意味において、これまたお客さんなりと考えねばならぬのである。かく考えるとき、採否いずれに対しても感謝の念をもって接しなくてはならない。

人事の任にある人は、すべからくこの観念をもってあたられたい。

かくてこそ、すなわちぼく自身、みずから行う人事となるのである。

〔一九三六年十一月一日〕『松下幸之助発言集29』

幸之助は「道行く人すべてがお得意先」とよく語っていたが、たしかに身知らぬ人が、自社の商品を購入している人、もしくはその可能性のある人だと意識すれば、常に謙虚な心持ちを保つことができよう。言われてみれば当たり前のことだが、意外に意識できないことだし、組織全体に徹底させるとなるとさらにむずかしい。幸之助は「雨が降れば傘をさす」ように、当たり前のことを当たり前にやるのが、経営の成功の秘訣ではないかと言っていた。しかしその実践にはまず〝当たり前〟の本質をよく理解する必要があり、あわせて世の中が求める普遍性、時代を超える普遍性をしっかりと把握する能力が試されることになる。

29 「入るを計りて出るを制す」を心がけよ

経済の心得

一、われわれ実業人として経済観念の涵養こそ第一義なり、殊《こと》に近来科学の進歩著しく、経営もまた科学的経営の要望せらるる今日、技術者・研究者に経営・経済意識のこれあるときは、すべての点に会社の興廃を左右するものなれば、この方面にたずさわるものは深くここに心を致し、いわゆる学究的研究、経営に即せざる研究に陥らざるよう、研究も一つの経営なりと心得べし

一、すべて経費は入るを計りて、出るを制するの心持ちにて、費用の使途を常に検討し、いやしくも天下の財宝を浪費せざるよう、営業諸費は申すに及ばず、各部全般に亘り整備整頓に充分意を用い、諸備品、工具、消耗品を最も大切にこれを使用するよう心がくべし

一、決算は毎月厳密にこれを行ない、一カ月の業績全般をすみやかに知悉《ちしつ》し、資金の運用を最も有効ならしむるとともに、改むべき点あらば如何に是正すべきかを宜しく検討して、同じ失敗を再びくり返さざるよう心がくべし

［一九三九年三月十六日］「松下電器　社主通達三三号」

日増しに戦争ムードが色濃くなるこのころ、幸之助はこの「経済の心得」とともに「経営の心得」「社員指導及び各自の心得」を社員に通達した。「経営の心得」では、「よき経営は社会を益

するが、悪しき経営は社会を毒する」と説き、「社員指導及び各自の心得」では、「部下の指導は真心をもって行うべきもの」と訓示した。経営環境がますます苦しくなる中だからこそ、基本的な姿勢を確認し、徹底しようとしたのであろう。

ちなみに「経済の心得」の二項目でいう「整備整頓」について松下電器ＯＢによるエピソードが残されている。

戦中期の一九四二年夏、工場の現場にある切断機の前に責任者以下、社員が集められたことがあった。幸之助は機械の前に散乱している材料の切端を指さしながら、「ここに、一銭、二銭のお金が落ちていたら拾うんやないか。でもこの材料は一銭や二銭で買われへんやろ」と厳しく問い質《ただ》したそうである。

30 経営も商売も、その戦いたるやどこまでも正しき闘争でなければならない

わが社の遵奉すべき精神の中に「力闘向上」という一項がある（10項補説を参照）。会社事業の伸展も、各人個々の成功も、この精神なくしては成り立たない。事業を経営することも、商売を営むことも、そのこと自体が真剣の戦いである以上、これを戦いぬく精神が旺盛でなかったならば、結局敗者たらざるをえないのである。ただし、その戦いたるや正々堂々でなくてはならぬ。他を陥れ、傷つけて、己一人独占せんとする精神行動はもとより排すべきであり、どこまでも正しき闘争でなければならぬことはもちろんである。

よい意味における闘争心、正しい意味における競争精神、これなきところ、事業の成功も個人の向上も絶対に望めない。この精神のない人は結局熱のない人であり、物事をして伸展せしむるに役立たない人である。

幸いに松下電器の人々には、この精神が伝統的に旺盛であったことが、今日を成す大きな因であったと考える。

されば今後といえども、諸君にこの正しき闘争心をどこまでももち続けて、日々の業務に処していただきたいと希望する次第である。

［一九四一年三月三十一日］『松下幸之助発言集29』

一九七九年、幸之助の願いに立って二年前に創刊された月刊誌『Ｖｏｉｃｅ』の誌上掲載のため、幸之助は、イトーヨーカ堂創業者・伊藤雅俊と対談をしている。そこでは、お互い商売人としての真情や悩みが率直に語られているが、幸之助はこんなことも述べている。

「私は、仕事を始めて五年なり十年たったころ、同業者がたくさんあり、その同業者が痛手をこうむるわけですな。競争に負けるわけです。それが大きな悩みでしたね」「昔で、今よりもっと中小企業の多いときですから。そうすると、一面には勝った喜び、発展していく喜びを味わうと同時に、また一面には、同業者が左前になっていくというのが非常に気になったものです。それで快々《おうおう》として楽しまなかったという感じがありましたな。そういう時代が、十年ほど続いた。そのあとで、ふとした拍子から、そういう問題にとらわれておってはいかん、自分にはもっと大きな使命があるのではないか、ということを考えてみたわけです。そう考えているうちに、ふっとヒントを得まして、それからはもう苦にせんようになったんです」「やる以上は、新しいものをつくらないかんし、つくった以上は、それを一所懸命売らないかん。その結果、先方が弱るということが起こったとしても、それによってもっと多くの人々に喜びを与えているということを考えたら、そんなことにとらわれる必要はない。そういうことが、だんだん分かってきたんですわ。それから非常に勇気が出ました。それでもう、その悩みは卒業してしまった」

その「卒業」の時期は、幸之助の記憶に従えば、一九三〇年前後のことになるから、第Ⅰ部「01項」で取り上げた経営理念を構築したころの直前である。当時抱いた「悩み」から生まれた考え方が、信念となって、「力闘向上」という七精神の一つが生み出されたことは興味深い。

最晩年に「迷うだけ迷ったらいい」「迷えば迷うほどに偉大なものが生まれる」と幸之助は松下政経塾の塾生に説いているが、それも実体験から生まれた信念であったことがうかがえよう。

第 II 部

最大の難局を突破する

「再び開業」の念願のもとに

序説

どんなリーダーにも、人生の中で一つや二つの危機的局面に出遭うことがあるはずだ。そんなとき、何を頼りにみずからの経営にあたればよいのか――。

第Ⅱ部で取り上げる松下幸之助にとっての人生・経営における最大の難局期、それは太平洋戦争終結後のおよそ六年間であり、五十歳代前半のころである。

戦時中の統制経済下で、思うように事業活動のできなかった幸之助だが、終戦の翌日、さっそく在阪の幹部社員を集め、それまでの当局の指導に従った経営ではなく、「独自で仕事にあたらねばならない」と説き、その上で「いかなる困難に立つとも最善の努力を尽くす」ことを力強く訴えている。そうして、松下電器の経営再建に向けて邁進しようと意気込みを示したものの、まもなく大きな試練に直面することになってしまう。

極度の物資不足により、生産活動が困難になったというだけではない。GHQ（連合国軍総司令部）から、制限会社の指定や財閥家族の指定などの各種制限が課せられ、五年ほどのあいだ、同社の事業や幸之助の経営活動が大きな制約を受けることになった。そしてその結果、経営は危機的状況に陥り、給与の分割払い、さらには人員整理にも踏み切らざるをえなくなったのである。

当時の経営判断について、「生涯このときほど不本意で寂しい思いをしたことがない」と幸之助は回想しているが、自身も生活資金に困るほどの窮境に陥り、税金滞納王と報じられる始末だった。

それでも幸之助は、現場で奮闘する社員を叱咤激励し続け、みずからの志や使命感を失うことはなかった。その懸命の努力は、やがて報われることになる。ＧＨＱによる各種制限がしだいに解かれ、再建への光が見えてくるのである。

幸之助は後年、戦後の復興が最もめざましい都市は広島だと述べたことがある。原爆による放射能の影響で、十年はペンペン草も生えないといわれていたのに、広島の人々の再建への意志が強かったからこそ、見事な復興を遂げたというのである。そして企業経営においても、くじけることなく志さえ失わなければ、困難は大きな発展の契機となると訴えている。

「順境よし、逆境さらによし」「困難もまたよし」といった幸之助の言葉は、そうした実体験から生まれ出た信念を表わすものであることは言うまでもない。

31

一貫して流れるものは〝至誠〟である

われわれは常に日本精神を保持していると誇称してきたが、過去数十年間はたして真個《しんこ》の日本精神を体得していたであろうか。残念ながら失っていたように思う。そこに敗れた最大の原因がある。しからば真の日本精神とは何かというと、〝至誠〟の一語に尽きると考える。日本精神を、三千年間の歴史を通じて見ると、一貫して流れるものは〝至誠〟である。〝至誠〟の錬磨されていく姿である。忠君愛国も至誠であるが、これは一面の現われであって、その根本はやはり〝至誠〟である。

［一九四五年十一月三日］『松下幸之助発言集22』

幸之助は「日本精神」について、終戦翌日の、幹部社員に向けた「緊急事態に処する臨時経営方針」でも語り、敗戦は、日本精神そのものが間違っていたからでなく、われわれが真の日本精神を忘れていたためだと訴えた。それから四半世紀が過ぎた一九八二年、幸之助は『日本と日本人について』という一書を刊行する。同書では、日本人が大切にすべきよき伝統精神として、

「衆知を集める」「主座を保つ」「和を貴ぶ」の三つを挙げ、その上で、日本と日本人に対する真に正しい認識を生み出すことの必要性も強く訴えている。戦後まもないころに自覚した「日本〈人〉の精神」に対する思索を、幸之助はずっと続けていたのである。

32 経営に実力なく適格者でなければ、敗退せざるをえない

終戦後再び、自由主義が叫ばれてきた。

自由主義が強くなれば、働きが自由になる、創意工夫もどんどんやれるが、適者生存の原則に支配されることを忘れてはならない。適材は適業に立ち、存分の活動がなされ、不適材は敗退を余儀なくされねばならないのである。ちょうど日本の相撲道と同じである。力ある者がそれにふさわしい地位に座るのである。実力本位というわけである。米国がこの代表的なるものである。

たとえば自動車をつくることの最も上手な人が、自動車をつくる。したがって業界はその道の選手ばかりである。ここに米国の産業が急速に発達した一因がある。

日本は反対で、実力よりも伝統や世襲を重んじ、たとえ本人が他の業にすぐれた才腕をもっていても、周囲の種々の事情から家業を継がねばならなくなっている。適切にあらざる人がその商売をやっている姿が多いから、その道の人が少ない。はなはだ能率的ではない。これでは十分に国民の生活を富ますことにはならない。しかし、今回再び自由主義が強く叫ばれ、十分力を出せる道がひらかれたのである。過去の状態、歴史がどうあろうとも、適材が適業に携わりうるようになった。その反面、不適材の者は没落する、否、国家の伸長を妨げるものとして退いてもらうこととなる。おそらく産業界は異変を生ずるであろう。

過去の大会社でも実力がなければ、没落するのである。実力あるものが斯業《しぎょう》につくのである。

そこにほんとうの努力が生ずる。ここに自由主義のよさがある。おのれを磨き実力を培養しなければならないのである。

われわれも、電気器具の経営に実力なく適格者でなければ、敗退せざるをえないのである。

そこで適性をもつように実力を養わなければならない。適者生存の原則は一刻の油断もなく働いているのであるから、われわれの活動もまた寸秒のゆるみをも許されないのである。適性を伸ばし磨かなければならないのである。

では会社が適格者たりうるにはどうすればよいか。全員各位がその勤勉性を十二分に発揮するより方法はないのであるが、それには各自の生活、工場勤務を通じて〝安定〟がなければならない。生活、勤務を通じて安定の保持が絶対に必要である。経営の具体策もそこへもっていかねばならない。それには、自分は「高賃金、高能率」を標榜《ひょうぼう》すべきであると考えている。今ただちには解決できないが、この二点に向かってあらゆる創意工夫努力をはらい、実現に邁進したい。これはお互いの喜びであるにとどまらず、社会に富を増し人類に幸福を与えるものである。

［一九四五年十一月三日］『松下幸之助発言集22』

33 中小企業と大企業の長所をとり、両弊を捨てたい

私は「いかなる人でも、いかなる立場においても、愉快に力の限り働きうる」という経営形態をとってみたいと考えている。

経営担当者においても、その部下を完全に知り、また使用する材料にしても、釘《くぎ》一本も有効に活用する。工場のすみずみまで知りつくす。そしてその担当する業務、技術、生産、経営全般にわたり世界最高の権威者となる。従業員もそのもとにそのもつ能力を存分に発揮する、というような経営をやってみたいと研究している。

もちろん人一人の能力には限りがあり、一千人の従業員をもつ経営を、一人でかくやれと望むことは無理である。それには当然経営の大きさを限定し、だれでもができる適度の規模になす必要がある。すなわち経営単位を従来より分化し、一単位を深く専門化し、その単位ごとに最もすぐれた絶対権威のある経営たらしめたいのである。

元来、日本の産業界は、大きくなると能率が低下し、小さいあいだは能率が上がるのが通

例である。それは、日本人の国民性がしからしめるのであって、日本人は感情的な国民であるから、経営者の意思の及ぶかぎりにおいて刺激され、非常な能率を上げるものである。逆に及ばないと励まない。したがって、経営者の目が十分に届きうる中小企業において能率が上がる。事実、日本の産業界の基礎は、中小企業体にあったのであるが、近時アメリカの産業に刺激され、大資本大経営主義をとったのである。

しかし、大きくやってほんとうに成功しているものは少ない。成功しているかのごとく見えても、その実際は国から保護されて成り立っているのであって、自力では能率が上がっていないのである。また国民的本質を忘れた一般の通念に支配されて、経営は大資本でなければ成り立たない、中小規模ではダメだという、思想的批判において成り立っているのである。

しかし、大企業経営のよいところも大いにある。が、これは科学的な理知的な国民性に適合するのであって、日本人には向かないのである。

よって今後は、中小企業と大企業との長所をとり、両弊を捨てたい。

その一方法として前述の企業形態を考えたのである。今後、順次現在の経営を細分化し、専門的経営形態をとるとともに、これを総合して、大企業の特質も併せ取り入れていくつもりである。

研究の余地はいまだ大いにあるのであるが、中小経営単位の権威ある専門的経営を大資本主義的に巧みに集約し、運営するこの形態は、妙味があり、かつ大いに社会に貢献するものであろうと期している。

［一九四五年十一月三日］『松下幸之助発言集22』

ここで幸之助が言う「経営・企業形態」とは、事業部制のことである。そしてその形態が、「いかなる人、いかなる立場においても、愉快に力の限り働きうる」ことを目指すものであったことが、この講話から読みとれよう。幸之助は、組織制度を設計・構築する上で、〝愉快〟という人間の心情に重きをおいていたのである。

34 〝禍〟を転じて〝福〟となす伝統の真価を発揮せよ

まず第一に、われわれはいかなる難関に直面しても、すべてこれを善意に解釈し、「禍《わざわい》」を転じて「福」となす松下電器伝統の真価を発揮しなければならない。

諸君ご承知のように、わが社は終戦後、全員一致の努力によって民需産業への転換を行ないきたって、産業復興の先達として、おう盛なる生産意欲に燃えて今日まで活動してきたのであって、更に一段の飛躍を遂げんとする矢先に、今回の「制限会社」としての指令を受けたのである。この点遺憾ではあるが、しかしわれわれは、今日にいたるまで過去に幾多の難関に逢着《ほうちゃく》してきたが、その都度、あらゆる事象をすべて明るく善意に解釈し、逆境の中にも新しい行き方を創造して、伸展の道を見出して努力してきたのである。やがてこれが習いとなり伝統と化して、常にひるむことなく、勇気凛々《りんりん》として生産の使命に邁進してきたのである。

諸君は、いま改めて、このことに思いをいたし、われわれの伝統の力をふるい起さねばならないのである。このたびの指令にしても、単純に、この措置を賠償の対象としてのみ考えると「禍」と思われるが、しかしこれによって、一面、外国人との交渉が密接になるから、転じて「福」となし得るのである。

例えば、賠償として株式が当てられるようなことがあったとしても、その場合には、松下電器の経営に、外国人が参加するというようなことになるだろう。しかしこれは、日本の産業が新しい時代に処していく上からは、むしろ歓迎すべきこととも言える。元来私は、終戦後の松下電器の経営を正しく大きく進めて行くためには、株式の一部を外国に公開して、進んで株主になってもらいたいと考えているのであって、考え方によれば今回の指令は、かえってこの気運を早めるようなことになったのではないかと思っているのである。

このように、私は「禍」と考えられる指令を、かく善意に明るく解して、経営の進歩発展の基礎とせしめる、というふうに解釈していきたいのである。もちろん諸君にも、種々の監督制限のために、存分に活動ができないということもあろうが、諸君はかかる目前の瑣事《さじ》に心を奪われることなく、われわれ産業人の使命は、いついかなる場合にも厳と存することを把持《はじ》し、いよいよ立派な会社にしようという希望と信念とを持って、より一層職場に奮励願いたいのである。そこに、一層の発展の途があると信ずるのである。

［松下電器 社内新聞 一九四六年四月十五日号］『社長所信集1』

35 すべての智恵才覚を経営に結集することが、非常突破の唯一の道であると信じる

昨今、食糧に事欠くにいたっては、その日その日の生活に追われ、安んじて生業につくことができず、まさに困窮のドン底に陥らんとしている実情である。この実情はお互いに同情しあうべきことではあるが、しかし、つきつめて考えてみれば、この苦悩は当然受くべき敗戦の苦しさである。犯した過ちに対する桎梏《しっこく》である。この意味においてわれわれはよくこの受難を甘受し、ジッと堪えるとともに、更にこれを克服して積極的に新日本の再建に向って邁進しなければならないのである。

ひるがえってわが社の経営についてみても、たとえ生産が緒についたとはいえ、資金的にも、あるいは資材的にも、隘路《あいろ》が山積し、加えてご承知の如くマッカーサー司令部より制限会社の指定を受け、自由なる活動ができなくなったために、その前途にはなかなか容易ならざるものがある。一例が今日製品を造るに、まず資材の調達になみなみならぬ苦心が要る。主要資材がととのっても、副資材で悩み、総合して商品として売り出すまでには一通りの苦

労ではない。一応この障害を突破し、製造能率をあげたとしても、次にこの商品を流す配給機構が破壊され、かつなお諸統制が依然として存するため、これにわずらわされて円滑に配給できない。また、たとえ配給が迅速に行なえても、ご承知の新円政策により、代金の回収は次第に困難となり、資金はそれだけ焦げつくおそれあり、結局、苦労して生産を推し進めていけばいくほど、資金難に陥る始末となる。加えて、物価の高騰にともない、人件費、諸経費がかさみ、現在の生産高をもってしては未だ安定の域に達しておらない実情である。

資金の借入れ、資本金の増加が許されれば、この隘路も切り抜けるに苦労はないのであるが、金融措置令により借入れが容易でない上に、這般《しゃはん》の情勢からして到底増資は認められないのである。

ここに経営上の深刻なる悩みがあり、このまま推移する時は、結局経営の退化、ひいては破綻を生ずるの外はないのである。

とはいうものの、この苦しさに打ち負け、あきらめてしまっては、わが社本来の使命を達成することはできないのである。否、辟易《へきえき》するどころか、この危局に際してこそ、わが社伝統の勤勉なる精神を発揮しドシドシ製品を造り、潤沢に供給し、もって社会生活の幸福と向上を図り、祖国復興に挺身しなければならないと念じている次第である。

ここにおいて自分は、この急迫せる困窮の中から、再び新生なる松下を建設しようと決心した。ちょうどいまから約三十年前、はじめて電気器具の製造に着手した大正七（一九一八）年の創業当時に思いをいたし、緊褌《きんこん》一番、再びあの熱意をもって、経営を徹底的に改善し良化しようと意を決したのである。そしてまずその第一歩として、今回、営業本部の責任者として第一線に立つこととした。

どうか諸君においても、いま、経営の苦境にある事実をハッキリと認識し、経営の良化、改善に自分と同様最大の関心を払っていただきたいのである。

もし、この竿頭《かんとう》において一歩踏みあやまれば、千丈の奈落に落ちて、今日まで苦労してきた努力は、すべて水泡に帰し、従業員一万人はチリチリバラバラに離散しなければならない破目《はめ》に陥らざるを得ないのである。それのみに止《とど》まらず、社会の公器としての、産業人たるの使命が遂行できないのであって、国家社会に対してまことに申しわけのないこととなるわけである。

それ故、自分は第一線に立って、断乎《だんこ》、頑張り通す覚悟である。諸君も自分の意を諒《りょう》として大いに協力、支援願いたいのである。

諸君の真摯熱誠なる協力、支援があれば、これに感激して必ず自分の頭脳に叡智が閃《ひらめ》き、このピンチを切り抜ける最良の策が生れてくるにちがいない。この点よりして、自分のなす方針に気づいたところは、ドシドシ遠慮なく提案献策していただきたい。そしてよい意味において指導鞭撻願いたい。諸君のもつすべての智恵才覚が、経営に結集することこそ、非常突破の唯一の道であると信ずるのである。

〔松下電器　社内新聞　一九四六年七月一日号〕『社長所信集1』

講話の中にある「竿頭」という言葉は禅語にある「百尺竿頭に一歩を進む」からのもので、すでになすべきことはなしているけれども、さらに一歩を進めるの意であろう。幸之助が示したかったのは、その一歩を踏み出す自分は決して誤りはしないという覚悟であった。ともに道を歩む多くの社員がいて、その家族もいる。そうした人々のために、そして日本社会のためにも、みずから率先垂範しつつ、「衆知を集める」経営を進める強い意志を表明したのである。

この「衆知」を集めることについては、幸之助自身がさまざまな努力をはらってきたからか、部下である経営幹部にもユニークな指導をしている。

ある製造部門の経営状況が悪くなっているときのこと。責任者が呼ばれ、「きみは皆の意見をよう聞いているのか。聞かんから、こんなに成績が落ちるんや、皆の意見を聞けや」と叱られた。ワンマンな性格を見抜いていたのだろう。しかしその責任者もそれなりの努力をしていたつもりだったので、「なかなか意見を言うてくれないのです」と訴えた。すると幸之助は「きみはなあ、顔つきが悪い。そんなこわい顔をしているから、近寄ってもこないし、意見があっても言うてこんのや。毎朝、顔を洗うときに鏡を見て、よう研究せい」と、さらなる努力を求めたという。

36 個々の商品を超越して信頼感をもってもらうところに商売のほんとうの姿がある

経営が成り立つ、ということにはいろいろの考え方、見方がある。商品がよく売れて会社がどんどん利益をあげていく、ということも結構だが、しかしこれは一段階であって、もっと根本的には、経営に対する松下電器の考え方をかたちの上に表わしていくことにあるのである。この理念は松下電器全員のもつ経営意識であって、私がこの観念の表現体であると考えているのである。この考えでいる私が、販売の実際の仕事に携わるところに、真の松下電器の経営理念が対外に宣揚されると思うのである。

外部の人々が、一個一個の商品のよしあしは第二義として、松下電器の経営に対する理念

ナショナルのマークが見える蓄電池（1937年）

を知って、個々の商品においてはたとえ満足しない場合があっても、松下電器はそれだけの理念をもってやっているのだからいずれはよくなるであろうと認めてもらう。こういうように会社の大きな経営理念を一般社会に認識してもらうのでなければならない。

諸君が日常の業務と同時に、以上のことをよくのみこんで、そのよき実践者として活動していただけば、私が営業本部長として立った使命が果たされるのである。そしてまた諸君には、諸君の言うところに、人々の耳を傾けしめ、ひきつけてみせるという自信がなくてはならないのである。

松下電器の経営理念は私が常日ごろ諸君に話していることにほかならない。諸君よくご承知のとおりであるが、特に販売店各位ならびに一般需要家に対する松下電器の理念は、一に〝共存共栄〟の理念である。自他共栄の実をあげえないような経営者は、まことの経営者ではないのである。私はこのことを内に向かってと同時に、外部に対して大いに強調したいのである。

これからも、ある場合には値も高く、品質も悪い、というような商品も出るかもしれない。世間からこれを指摘される場合も起こると思う。その場合、諸君はただ困ったと思うだけではいけない。そのときには同時になるほどこれは悪い、改善しなければならない、と率直に認めるとともに、これは松下電器の経営理念にもとづいてできた商品ではない、理念に反した商品である、だから決してこれは真の松下電器の商品ではない、と、先方に対してよく説明して納得してもらわなければならない。同時に諸君は、これはほんとうのわれわれの商品ではない、もっとよい商品がきっとできるのだ、と逆に確固たる自信をもたなければならない。

要するに、先方に対して個々の商品を超越して信頼感をもってもらうようにならねばならないのである。商売のほんとうの姿というものはここにある。これが具体的には、ナショナルのマークで買っていただく、という姿において現われるのである。

以上のごとく、諸君は、今日の松下電器は、実質的にいってますますこれから〝社会の公器〟として真の出発を開始したのである、ということをよく認識して、松下電器は再びここに立ち上がったのだ、われわれは過去何十年かわれわれの信念を全うしてきた、これからこの信念をより全うするのだ、という自覚をもって松下電器の使命達成に全力を傾注せられたいのである。

［一九四六年七月十一日］『松下幸之助発言集25』

この講話の翌月、幸之助は取引店からこんな話を聞かされた。松下電器のブランドである「ナショナル」の商品がほしいというお客様が来店されたが、在庫がなく、他社製品をお勧めしたところ、納得されずに帰られたというのである。

それまで「ナショナル」のマークに恥じない商品を製造販売してきた努力が報いられたと、幸之助は深く感じ入った。そして商標・ブランドの重要性を社員にも説いたわけである。

「最近のわが社の製品を見ると、遺憾ながら『ナショナル』のマークに恥ずべきものがある。先日も、私はある製造所の支配人に、きみのところの商品には『ナショナル』のマークをつける価値がないからマークなしで売り出せ、と叱ったことがあった。今わが社がもし一つの商品でもマークに恥じるようなものを出したなら、それはすなわちすべての『ナショナル』製品の信用に影響するのである」

さらに幸之助は、「『ナショナル』のマークに対しては信用があるのだと思って安心してはならない。むしろ逆に、かつてのわれわれの努力、実力によって、今なお持続しているこの『ナショナル』のマークに対する信用を、いかにして失わずに保っていくかに深甚《しんじん》の考慮をはらい、努力がなされなければならない」とも説いている。

日々の成績を求める中でも、ブランド力の保持という視点を欠いてしまっては、つぎの未来を築くことができない。しかしながら、その判断をするお客様の「信頼」は、明確な数値で把握することはむずかしい。

37 仕事はジャズとスポーツ的な気分において、なされていくのが理想であると信じている

諸君、最近われわれわれの取り扱っている電気器具の値段はあまりにも高いではないか。すべての商品がそうであるというものの、今日の情勢ではこの値で売らないと経営が成り立たない、というのは残念ではないか。マル公（公定価格）で売っているものの、このマル公があまりにも高いので私は不満である。というのは、生産が低調なために、消費者の皆様に安く提供することができず、ご迷惑をかけているのである。生産の低調を挽回《ばんかい》しなければ、この高いマル公で商品を売っても、われわれお互いの生活は、いつまでたっても恵まれないのである。この点に今後の松下は、大いに努力を傾けねばならぬと痛感しているのである。良品を安く多く提供することをもって、目標の一つとしたいのである。

日本の生産状況は、きわめて低劣で、生活は窮迫している。生産を増強しなければならぬことが分かりつつもなされぬところに、わが国の悩みが存在するのであるが、これを一日も早く改善しなければならない。この改善をなすことが松下の使命であることを認識していただきたいのである。

諸君の収入が低くならず、かえってますます増加していくとともに、その製品を安価に提供しなければならないのである。それにはつまるところ、生産力を増大する以外に道はないのである。

電気器具を先達として、漸次これを製造界全般に波及していかなければならないと考えているのである。諸君もこの理をよく心にとどめて、さらにいっそう奮励願い、増産に努めていただきたいのである。結局は増産である。工夫のある増産である。

最後にお願いすることは、時勢に対してしっかりした考え方をもっていただきたい、そして各自生産人としての責務を自覚し、これが遂行に邁進願いたいということである。しかもこれが遂行にあたって、苦しみつつなすのでは決して面白くない。同じ人生の過程なら愉快に楽しく喜び勇んで、活躍していただきたいのである。仕事はジャズとスポーツ的な気分においてなされていくのが理想であると、私は信じているのである。仕事を遂行するのに犠牲があってはならない、働くことを楽しみつつ、希望に満ち満ちて欣喜《きんき》雀躍《じゃくやく》の中に成果をあげていくべきものと考える。

諸君もどうか私と同様に考えていただきたい。もちろん、生活の周辺を見ると悩みのタネばかりであろうが、楽しく見、楽しく考えるように努めていただきたい。さすれば、楽しく人生が過ごせることと思う。


［一九四六年十月二日・三日・四日］『松下幸之助発言集22』

終戦後の松下電器の製品の中で特にニーズがあったものの一つに、電気コンロがあった。ただそのような売筋商品の生産増強が困難な当時の経営環境においては、供給不足が生じると、プレミアがついて、市街では何倍もの価格で売られるようになる。そうした状況下で、松下電器の電気コンロの場合、正規の商品の値付け価格を上げて、利幅を増やし、市場に供給してもよいのではないか。ある経営幹部がそのような進言をした。しかし、幸之助は「あかん！」と厳しく叱りつけたという。

「社会の公器」であるという理念にもとづく「良品を安く多く提供する」という方策を、こんな厳しい経営状況においても貫こうとしていたのである。しかもその上で幸之助は、仕事を愉快に行い、人生を楽しく過ごすという戦前から大切にした精神の保持も、社員に望んだのだった。

38 商売も事業の経営もみな自然の法則にそむくときは決して成功しない

人間の知能が発達し科学技術も進歩すれば、今まで創造しえなかったいろいろのものも現実化することができるであろう。しかしながらこれとても、あくまでも自然の原理にかなった場合においてのみ可能であって、これにそむくときは決して成功しうるものではない。

人間のもつ知恵才覚というものは、自然の真理、法則を発見することは可能であるが、宇宙の真理を創造し変動することは、これは絶対にできないのである。ところが、人間は才知の発達に伴いこの真理を忘れて、何でも人力によってなしうるとうぬぼれやすいのである。これがすべて過誤をおかす因である。

科学のみならず、政治、経済、経営、生活等々、すべて自然に立脚し、自然の法則に従い、宇宙の真理にもとづいて行動されねばならないのである。諸君はこのことを深く認識してもらいたい。自然に順応し、その法則に従うところにのみ人類の生存が全うされ、繁栄がもたらされるのである。

商売も、事業の経営についてもすべてそうである。これらもみな自然の法則に従い営まれるべきであり、これにそむくときは決して成功しない。一時的に成功するときはあっても、必ず衰微するに違いないのである。

新しい販売方針を立てるにしても、「人心の機微に投ずる」という言葉は、自然の真理に投ずるという意味であって、自然の理にかなうとき初めて人心をとらえうるのであり、これを小乗的に見るときは、単に人心に投ずるかたちに見えるが、大乗的にはあくまでも天地自然の真理に適応するものでなければならない。これなくしては、決して真の意味の人心をとらえることはできないのである。

［一九四六年十一月十日］『松下幸之助発言集29』

39 「懸命にやっているから成功まちがいなし」という考えは絶対にまちがいである

松下電器が過去三十年間仕事をしてきた過程においては、表面上ではいろいろ茨《いばら》の道も踏んできた。けれども常に経営に成功し順調な道をたどってきたから、ほんとうの苦しさというものは体験しなかったのである。むしろ苦しい場合でもやがて成功する時の歓喜を予想し、従って失敗するということを意識せずに順調に進んで今日にいたったのである。古くからの社員諸君はみんなこういう気分であったと思う。

ところが今日では、この常に成功してきたという気持が一種の安易感となって、なに一生懸命にさえやっていれば、何とかなるんだという気持が無意識のうちにある。これはちょうど戦争に敗《ま》けたのと同じ例で、日本は敗けたことのない国だ、あぶない時は神風が吹くといっていたようなものである。

ここまでいえば、もうみなさんもよくおわかりになっていると思うが、全く、今日では、一生懸命にやっているのだから成功まちがいないという考えは絶対にまちがいである。大いに努力し、けんめいにやっても成功は困難なのである。ただもう、何としても「成功せしめる」、そのためには絶対的な努力を傾注する、これよりほかにはないのであることをはっきりと認識してもらいたい。

それから、今日の社員諸君のタイプには二通りあると思う。その一つは、現在会社が危機にあるというので不安動揺している人、いま一つは、危機をよく認識して何とかせねばならぬと努力している人である。そこで私がいうことは、後者のタイプの諸君もそれだけではまだまだ駄目である。前述のとおり、もう一歩前進して「絶対的な努力」を払わねばならない。そして前者の不安動揺する人たちに導きの手をさしのべ、これを感化して、みなが、私が今ここにいう「絶対の努力を傾注する人」とならなければ成功は覚束《おぼつか》ないのである。

これが私のいう、今日の松下電器の危機を突破するために、ぜひともとらねばならぬ「経営力結集」の態勢である。

〔松下電器　社内新聞　一九四八年八月十五日号〕『社長所信集1』

40 全従業員諸君に対してまことに申しわけないと恐縮いたしている

まず第一に申しあげねばならず、かつそれについてぜひともご了解を願わなければならないことは、本月の給料の支払いが所定の給料日に全額お支払いできなくなったことである。まことに全従業員諸君に対して申しわけないことであると、私は恐縮いたしている。本月は約五割を所定の日に、残りは十一月の十日までに分割払いいたしたい。松下電器が創業してから三十年、その間《かん》資金につまったことなしとはしないが、所定の給料日に給料の支払いができなかったというようなことは、かつて一度もなかった。その松下電器が今日皆さんに非常に迷惑をかけねばならないということは、私としてまた会社として、心から遺憾と考える。けれども何としても金繰りの都合がつかないので、本日皆さんにその事情を打ち明けたいと思うのである。

なぜこんな事態に陥ったのか。それは、第一に製品の売れ行きが急速に低下したこと、第二に集金が非常に悪化したことによって、資金繰りがどうにもならなくなってきたからである。

今日、なぜ当社製品の売れ行きが低下してきたかというと、まず第一に、農村の景気が急速に悪化したことによると考えられる。その一例であるが、私は、先般、和歌山の近郊のお百姓から、今年はカボチャが非常にたくさんできたが全然売れない、そのため値が下がって一貫目（約三・七五キログラム）八円だという話を聞いた。昨年は二十円ないし三十五円で全部売れたということである。またイモにしても昨年は四十円から五十円で売れたが、今年は十五円から二十円ぐらいで売らねばならないと話していた。したがってこれら農家は非常な収入減をきたしている。しかもそのうえ、税金は昨年は四万円であったが、本年は九万円納めねばならないと言っていた。

農村の実情は、今日多少の差はあれ、かかる姿にあり、しかも昨今になって急速に悪くなってきている。というのは、国費を見ても、政府の予算は昨年の二千億に対し、本年は倍の四千億、政府は税金においても昨年の倍徴収しなければならなくなっている。こういう実情が完全に農家の購買力の低下をきたし、われわれ家庭用品を製造しているものの売れ行きに、大きな影響を与えていると考えられる。これがさらに農村から波及してあらゆる層に購買力の低下をきたし、当社の製品はだんだんと売れなくなってきたのである。

つぎは、当社製品の値上がりのために売れなくなったことである。七月の物価改定によって、当社製品の諸素材は五割から三倍にまで上がり、加えて運賃、郵便料金、電力、輸送費もすべて上がり、かかる情勢から、当社商品も逐次値上げをせざるをえなくなった。ところが値上げを境として、当社製品の売れ行きがパタッと止まってしまった。

その直接の原因は、他メーカーが依然として旧値で販売を続けているからである。当社としての経営が成り立つためには、どうしてもこれはやむをえなかったのであるけれども、他メーカーが上げないことは重大な問題であるから、この点をきいてみると、「松下さんは上げてもまだ売れるかもしれないが、われわれが上げては全然売れないからだ。実はわれわれも進退きわまっている」というのである。実際は他メーカーも苦境にあると考えられる。売れ行き低下だけならまだしも、かてて加えて集金がまた非常に悪くなった。しからば金融はといっても、これまた私がしばしば申しあげ、皆さんもだいたいご承知のように、どうにもならないのである。

［一九四八年十月二十一日］『松下幸之助発言集25』

幸之助にとって、社員の給料の分割払いや遅配は、みずから頭を下げ、わびるべき大失態であった。そして、切羽詰まったこの経営危機の中で、幸之助は逃げることなく現実を直視し、「ガラス張り」を貫こうとした。経営状況の詳細を社員と共有するのである。その上で幸之助は、こう語る。

「私は一人も解雇しないが、会社をつぶさんとするがごとき考えの人、正しい経営を妨害せんとするがごとき錯覚に陥る人は、断固として辞めてもらわねばならぬと思う。そうでないかぎりは、どこまでも相擁してともにこの難関を切り抜け、必ず将来立派に繁栄してみせよう、お互いに繁栄しようではないか、という強い信念をもってもらいたい。われわれは今まで、過去のマークを食いつぶしつつあるということを考えねばならない。私は全部の従業員諸君一人一人に対してでも私の信念を披瀝《ひれき》して、是とするこの給与を承認してもらいたいとさえ考えるのである。これが皆さんによって快く承認せられ、かつまたそれによって、働きある人が働きあることを喜び、そうしてまた低能率の人もその姿において、会社全員の繁栄をもたらす力となると信じるのである」

そしてこの後、労働組合がどの企業でも次々に結成され、労働争議が起こることもあった時代であるにもかかわらず、松下電器では、労働組合からＧＨＱに対して、幸之助に課せられている公職追放の指定除外を嘆願する書が提出されたのである。幸之助と社員の結束力の高さがうかがえよう。

41 日陰のときと得意絶頂のときの両面を味わいえた人にだけ、人生を語る資格がある

　昨年はまことに経営全般にわたり多事多端、非常に困難な年であったが、皆さんは終始一貫ご奮闘くだされ、感謝に堪えない。しかしそれにもかかわらず、まだわが社の経営の上に、その効果が著しく現われるということにいたらなかったのは、非常に残念なことであって、従業員諸君の努力に対して報いることもまことに薄く、かつてそのようなことはなかったが、賞与の支給もできなかった。また定期昇給も、しばらく保留しておかなければならないというような窮状に推移したことは、経営者としてまことに面目ないことであって、皆さんにおわびせねばならないと思う。しかしながら、とにかくその最悪の年を送りえて、希望に満ちた新春を迎えたことは、非常にうれしいことであると思うのである。

　われわれは長き一生に、ときに日陰のうちに日を送ることもあり、あるいはまた得意絶頂に立って、欣喜雀躍するというようなこともあろうと思う。そういうところに、いわゆる人生の味わいというか深みというものがあるので、私はそういう両面を味わいえた人において

のみ、人生を語る資格があるといってよろしいと思う。そういう体験を、わが社としては今度初めて得たのであって、今後松下電器は、社会を語り人生を語り、事業を語る資格が、初めてできたものであると考えてもよいのである。

そういうように考えてくると、昨年の最悪の年は、必ずしも最悪の年にあらず、まことに有意義な年であったといわねばならない。われわれは常に、いかなる場合、いかなる時にあっても、光明を見いだしていき、よくないことがあっても、それを福に転じて進んでいくということに、事業遂行の心がまえを樹立しなければならないと思うのである。どうか皆さんにおかれても、このように解釈されることを要望したいのである。

［一九四九年一月八日］『松下幸之助発言集22』

42 朝から晩まで皆さんが働いてくださったその成果がゼロではいかん

皆さんが、朝から晩まで会社の仕事に従事してくださって、そうしてその働いた成果というものがゼロではいかんということである。その働いた成果には、必ず利が出なければならない。これをなしえないような経営では絶対に意義がない。いやしくも数億の金を使い、数千台の機械、数百棟の建物を使用し、七千の人が朝から晩まで一所懸命に働いて、何ら利潤も出ないということは、国家をしてだんだん貧困ならしめ、会社をしていよいよ衰微せしめ、全従業員がだんだんと貧困になることでしかない。かくのごとき能のない働きに終始してはならないのである。

われわれが産業人であることを考えるならば、これだけの人の働きの成果を黒字にもっていって、国家の繁栄と、会社の繁栄と、従業員の生活向上になるような成果ある仕事を断じてやる、ということを、はっきりとわれわれは認識しなくてはならない。そうでなければ、あってかいない存在であると私は考える。あってかいない存在ならば、松下電器は解散をしてよろしいものであると思うのである。

［一九四九年一月八日］『松下幸之助発言集22』

この頃の松下電器の経営状況は最悪であった。後年に「生涯このときほど不本意で寂しい思いをしたことがない」と幸之助が回想した時期である。

前掲（40項）のような給与の一部遅配だけでなく、希望退職者を募り、人員整理に踏み切るという、まさに崩壊寸前の事態に陥った。一九四七年には、まだ八千人弱の人員がいたが、この講話をした一九四九年には約五千六百人にまで減っていた。幸之助個人はというと、GHQから財閥家族の指定を受け、個人の資産を凍結されて勝手に使うことができず、日々の生活にも困るような状況で、親しい経営者の友人にお金を借りたこともあったという。

しかし、この年の十二月に財閥としての制限が解かれ、しかもそれから朝鮮特需が起こり、日本経済は転換期を迎えた。加えて、GHQによる制限会社の指定といった各種制限が逐次解除されていくと、我慢に我慢を重ねて事業を存続させてきた幸之助と松下電器の必死の努力がようやく実を結ぶようになるのである。

43 協同の気風を醸成するにはまず公平にして適正な信賞必罰が必要である

経営の上で最も大切なことは、協力一致する雰囲気を培うことである。いかによい方針があっても、各自の活動の分野で牆壁《しょうへき》を打ち立てていては、結局、お互いの働きは打ち消され、マイナスの方向に進むばかりである。

協同の気風を醸成するためには、まず賞罰を明らかにすることである。

会社である以上、大勢の人々の集まりであり、その中には怠ける人もある。また仕事に興味をもち熱心に働いている人もある。いろいろさまざまであるが、そのままの姿が是として認められてはならない。やはり、それぞれに相応して遇せられなければならない。熱心な人には待遇がよく、誤った人は正さなければならない。すなわち公平に正して適正な賞罰が必要である。

この点について、今日までなおざりにしていた傾きがある。これでは、協力一致しようと呼びかけても、奮い立つ機運は生まれてこないと思う。そこでこの際、経営方策の中に具体的に信賞必罰を織りこんでいきたいと考えている。

〔一九五〇年七月十七日〕『松下幸之助発言集22』

44 決して私個人で判断しない

仕事の万全を期するには、よく会社の方針、計画、伝統に従い、その中に自己を生かすことが大切である。人一人の知恵は、いかにすぐれていても、ちょうど闇夜の提灯のようなものである。自分一人の考え、判断を最上なりと信じての独断のふるまいは、会社をマイナスに導くものである。ことに上位に立つ人は、この点をよく心得て、常に上司に伺い周囲に諮《はか》り、事を推考して進めていかなければならないのである。伝統も顧みず、方針を等閑視して、狭い自分の主観から生まれてくる判断で行動するときは、その努力、才能がすぐれておればおるほど、かえって会社を苦しめることになるのである。

私自身についていうと、終戦までは、確かに独自の考えで仕事をしてきたように見受けられる。松下個人の判断が会社の方針となって経営は進められてきた。しかし私としては、決して自己の考えにとらわれていなかったと申しあげてはばからない。やはり常に社会の歩み、日本の方針、伝統を考え、これに順応するとともに、従業員の声に耳をかしつつ決定して、松下電器独特の方針としたのである。したがって決定する私を見て、〝独断〟のごとく思われてきたかもしれないが、決定するまでの心組みには、常に順応の構えがあったのである。決して私個人で判断しない。一人ですることが、かえって不安をきたし動揺するのである。常に社会の趨勢《すうせい》に意をはらい、国の伝統と社会正義の通念にもとづいて、そこに自己を生かそうと心がけていたのである。その心がまえが現われて、松下電器の遵奉すべき七精神の一つである〝順応同化〟の精神となったのである。

皆さんも、松下電器を通じて社会に結ばれているのであるから、この気持ちをしっかりともっていただきたいのである。会社経営のみに限らず、生活をしていくかぎり、この心がけは大切である。ものの一面にとらわれてそれを主張していると、その背後に流れる大きな力を見忘れてしまうものである。そこから〝思わぬ失敗〟が現われてくる。常に自己の背後にある流れ、関係、つながりを見通す目、心を培い、この中に自分を生かすよう訓練していかなければならない。

上司の信頼が厚ければ厚いほど、それにこたえる意味において、事を処するにあたり、自己の判断を上司に伺いただす心がけが必要なのである。うぬぼれてはならない。そこに謙虚さ、己を慎む修養が大切なのである。

私としては、お互いに会社の経営にタッチするかぎり、忌憚《きたん》なく批判していきたいと考えている。そして順応同化の気持ち、謙虚な態度を培っていきたいと期している。

松下電器が今日まで、社会に順応同化して喜びを味わってきたと同じように、会社の中において、各人めいめいの考えを、その計画、伝統のうちにのびのびと生かしていただきたいのである。必ずや能率は高まっていくものと信ずる。

嵐の吹きすさぶ中に、松下電器はいよいよ立ち上がった。

お互いにそれぞれの立場において健闘しようではないか。よい製品をつくり、社会の人々に喜ばれる、会社はその感謝を受けて発展し、皆さんにも豊かな分配がなされる、そこに、お互いの、会社の、世界の繁栄が築かれていくのである。

［一九五〇年七月十七日］『松下幸之助発言集22』

幸之助は常々、松下電器の経営は自分一人でするものではなく、衆知を集めて全員で取り組むものだと語っていた。ただし、決断にあたっては、リーダーが主座を保ちつつ、責任をもって下すという姿勢に徹していた。危機を脱出するにあたって、そうした姿勢の重要性を改めて訴えようとしたのである。

45 わが社には経営の基本理念という他社の比肩を許さないものがある

競争が激しくなると、一方が倒れ、一方が栄えるということが常識となっており、これに伴い相手を憎む気持ちが高じてくるものである。

しかし私は、競争というものは一種のスポーツであって、相手を打倒することが目的であったり、闘争心が憎しみを増長するものであってはならないと思う。競争の本質はお互いの実力を高めあうことにあると思う。そしてその目的は、社会の繁栄に奉仕するところになければならない。よい品をつくり安く提供することに真剣に工夫をし、これを促進する意味においての競争を尊ぶのである。

経営を危くしてまで値段のみを引き下げることは正しい競争ではない。製品の格差を忘れ乱売することは、業者双方の損失であり、究極は社会を毒する事態となるのである。

また競争の激しさのあまり、憎しみやねたみを根にもってはならない。根本は社会の繁栄にある。競争によってわれわれの仕事は練磨され、向上するものである。が、ややもすると、この根本を忘れやすいのである。競争のための競争に陥ってはならない。スポーツに限らず商道にもフェアプレーが大切である。

負けても悲観するには及ばない。これに奮起し、さらにすぐれたものをつくるよう努力することが大切なのである。ここに競争のよさ、真価がある。極端かもしれないが、同業者で優秀なパーツを安く供給するところがあれば、たとえ競争の相手であっても、これを仕入れて製品にし、社会へより安く提供できれば、この行動をとるにあえて躊躇《ちゅうちょ》しない。またなんら悔いるところでない。

通常は残念がって意地でも買わないものである。しかし、繁栄の社会を築くという使命を思えばこだわるべきではない。これがまた天下の理法にかなう行動であると信ずる。くやしがる前に、よいパーツをつくり、これを使わねば絶対に性能の高い製品ができないまでに実力を培っていく努力が必要である。

結局、品質が勝敗を決する。競争においては各個人の感情にとらわれてはならない。商売は〝公〟のものであり、ことに市場は世界にまで広がりつつある。日本の狭い土地だけで争っている場合ではない。世界の市場で堂々と取引のできるところまで、ナショナルの製品を高めていくよう研鑽努力しなければならない。

皆さんは、わが松下電器の他メーカーよりはるかにすぐれているものが何であるかご承知だろうか。機械、設備にしても、資本金にしても、また製品にしても、すぐれている点もあるが、われわれ以上のところもずいぶん多い。しかしどこにも負けない、比肩を許さないものがただ一つある。

それは〝経営の基本理念〟である。これが幾多のわが社の短所を補って今日をなさしめたのである。

松下電器の経営理念というものは、昭和七（一九三二）年五月五日の創業記念日と定めた式典のとき宣言したあの内容であるが、要するに〝社会の繁栄のために、電気器具を泉の水のこんこんと湧き出るごとく生産する〟ということである。この信念に徹して、これを経営の上に具現することに今日まで専念してきたし、今後も変わりなく続ける覚悟である。

先般、ＣＣＳ（連合国軍総司令部民間通信局）の係官が日本の通信機業界の技術向上にいろいろと腐心されていたが、結局は日本のメーカーが経営理念をしっかり把握していないことに気づかれ、経営責任者に対し経営講座が始められることとなった。

そしてその冒頭に〝経営は何のためになすか〟ということを自覚することが強調された。

これはわが社が十八年前（一九三二年五月五日のこと）に明示し、以来実践してきたところとまったく符合していた。これを聞いたとき、別に自慢するわけではないが、間違っていなかったことが裏書きされてうれしかった。

ところが、松下電器の誇りともいうべき経営理念が、この十年間というものは忘れられていた。宝石をふところに抱いていることに気づかなかったのである。アメリカの一青年技師に覚醒され、ハッと気づいた始末である。これはだれの責任か、いまさら問うところでない。天下の情勢がしからしめる精神状態に導いたのである。

しかし今や新しく希望に燃えて再建のスタートを切ろうとするとき、わが社経営の基本理念は絶対に正しく、すぐれているものであることに目覚め、かつ誇りを感じ、経営のあらゆる面に力強く具現していかなければならない。この理念が堅持され、発揚されていけば、わが社は繁栄の街道を驀進《ばくしん》するとともに、日本の中におれないほど伸びていくものと思う。世界の市場で活躍する松下電器となるにちがいない。

今までのたどたどしい姿から見ると、この話は夢物語としか受けとられないだろう。しかし社会の繁栄に奉仕するわが社の使命を、しっかと各自の肝に銘じ、それぞれの職場にこの信念を生かすならば、当然、お互いの生活の上にも、会社の上にも繁栄は訪れてくるにちがいない。決して単なる空想に終わるものではない。

しかも四囲はひらけてきた。曙光《しょこう》は輝いている。前途まさに洋々である。この際、松下電器の至宝ともいうべきこの経営理念をますます力強く発揮し、社会の繁栄に奉仕しよう。

［一九五〇年十月十三日］『松下幸之助発言集25』

この講話の前年には、物品税の滞納王と報じられるほどの危機に瀕した幸之助だったが、こうした考え方を公言して、社員の士気を鼓舞したのである。

「成功とは成功するまで続けることである」と幸之助は後年に言うようになる。その最後の最後まであきらめないという強い信念を支えたものこそ、経営理念にもとづく社会的使命感だったといえよう。

第Ⅲ部

忍び寄る停滞・衰退を一掃する

営業本部長代行として率先垂範

序説

戦後に急速な発展を遂げた日本の家電産業にも、不況の波が押し寄せてきた。松下電器においては、系列の販売会社・代理店の経営にその影響が大きく表われだした。この緊急事態に松下幸之助が打った手が、世に「熱海会談」といわれる会合だった。

一九六四年夏、全国百七十社の販売会社・代理店の社長を熱海のホテルに招待、懇談会を開いて、実情を語りあう場を設けたのである。お互いの本音、苦情あるいは不満を吐露しあい、二日の予定がさらに一日延長された。その三日目に、幸之助はこう総括した。

「よくよく考えれば、松下電器が悪かった。この一語に尽きる。本来、自主自立の経営を進めていかなければならない皆さんに、松下電器に依存する体質を生ぜしめたのは、われわれのお世話の仕方に当を得ない点があったからであり、心からおわびしたい。今日、松下電器があるのは皆さんのおかげである。これからは、皆さんに安定した経営をやっていただけるよう、抜本的に考えたい。それをお約束する」

最後は涙ながらの話となった。会談後、改革は矢継ぎ早に断行された。幸之助は営業本部長代行につき、日々営業本部に出勤、全国営業所長会議を七カ月のあいだに十回も招集し、全国的な販売会社網の確立、営業所を経由しない事業部直販制、新月販制を基本とする販売制度の改革などを現場で率先垂範して指揮したのである。改革断行にあたり、幸之助はこう考えたという。

「松下電器は、創業当初から今日まで終始一貫、代理店に対しても社会に対しても、みずからが処する道はこういうものであるということを考え、明らかにしてきた。この間《かん》いろいろの変動期はあったが、そのつど、代理店の信頼は高まりこそすれ、うすれたことはない。しかるに、今に限って動揺しているのはおかしい。松下電器の基本方針は変わっていないにもかかわらず、そういう違いの出た原因はどこにあるかというと、これは基本方針を現実に移し、それを代理店に達する過程に間違いがおこっているのではないか」

経営理念そのものではなく、理念実践の姿に課題を見いだしたのである。

この改革は、成果を生み出すまで、さほどの歳月を要さなかった。営業利益を見ると、前年から減益となったのは一九六五年度だけで、翌一九六六年度は営業利益だけでなく営業利益率も一九六四年度の計上分を超えた。そうして国内営業の基礎を固めつつ、海外への展開も急速に進められたことにより、一九六〇年代後半の松下電器の経営は大きく伸展することができた。結果として、停滞・衰退の危機を一掃することになったのである。

「機を見て敏なり」はリーダーに必要な能力であろう。幸之助は自身が会長から営業本部長代行となることにマイナス面があることも承知していた。けれども、非常時には非常時の行動が求められる。幸之助の決断力が功を奏した時期であったといえよう。

46 単に儲けさせてもらうから頭を下げるのでは力弱いと思う

われわれの利益は、国家国民全体の福祉につながっているものであって、われわれが個人的な観点から自由にそれをどうこうすることはできない性質のものである、という見方をはっきりともたなくてはならないと思います。そしてこういうものが、今後における事業に対する見方でなければいけないと思うのです。

ご承知かもしれませんが、何十万の人が働き、何千億円の資本を擁しているある事業のことですが、ここは過去十年間納税をしていないのです。儲からないからしないというわけです。そして逆に国家がその事業の安定のために何千億円もの金を使っているのです。それにひきかえ松下電器は、その十分の一の人や資本しか擁していません。そして過去十年間に国家に対しては何百億円という税金を納めているわけです。それが道路にもなり、社会保障の一端にもなり、教育の一端にもなっているのです。

そういうことを考えてみると、当社の方針である適正利潤の追求をもって国家社会の発展に寄与するということが、いかに正しかったかということがいえると思うのです。適正価格の追求というものはそういう高い価値のあるものです。その経営にあたっているのだという誇りを、われわれはもたなければいけないと思います。

自分の会社が儲けさせてもらうから頭を下げる、努力をする、ということも私は悪いとは申しません。しかし、それだけでは非常に力弱いものだろうと思うのです。だから、単に儲けさせてもらうから頭を下げるというのではなく、社会の一員としての職責を果たすことに対して賛同していただくから、そこに感激があるのだ、という意味で頭を下げることにならなくてはいけないのではないかと思うのです。

〔一九六三年十二月〕『わが経営を語る』

人に頭を下げる。それは一商人として、お客様に感謝の心持ちを表現する上で、今も日本人社会の重要な作法であろう。幸之助自身も徹底しており、たとえばその深々と頭を下げるお辞儀が、部下の自分よりも低いことに驚く社員もいたぐらいである。松下電器第三代社長・山下俊彦も「とても真似ができない」ものだったと自著『ぼくでも社長が務まった』に記している。

その幸之助が、商売人として儲けさせてもらうから頭を下げるのではなく、「社会の公器」として、自社の事業が社会的責任を全うしていることへの賛同に対して、頭を下げる意義があると

47 絶えず存在する個々の病根を比較的早く発見し、治療をしてきた

松下電器を見てみますと、確かにあちこちに患ってきておるところが出てきたように思います。これに気がついているかどうか、それが問題であります。かりに気がついたとしましても、すぐに回復しない。ある程度病気が進んでいって、そして、ようやくそれが治ってくるには期間がかかる。

たとえば、一つの部門がちょっと経営を誤っていると気がついた。気がついたときには相当進んでいるわけですね。そして、それを直すにしても、なかなか直らない。それは病気と同じように進行性をもっている。そして、ああでもない、こうでもないと考えて、ようやくにして進行が止まって、そしてまたもとに返るには、一年、二年かかるもの、部門によって

は三年もかかるものがある。案外に注射がよく効いて、進行がすぐに止まったというようなものもできてくるだろうと思いますが、そういうことを考えてみますと、非常に私は考えねばならない問題がたくさんあるように思うのです。

今、松下電器のどこに欠陥があるかということは、ここでは具体的には指摘いたしませんが、これだけの広い面をもつようになれば、当然あることは事実であります。きょうはめでたい（創業記念祝賀会の）日でありますから、それは申しあげません。申しあげませんが、そういう病患と考えられるものが、あちこちに生まれていると思うのです。

これにやはりわれわれは気がつかないといけない。気がつくと同時に、その治療法を考えねばならない。どうすればこの患部を治すことができるか。そのいい治療法を考えねばいけない。またお医者さんも吟味しなくてはならない。絶えず健康に生きていく上においては、お互いが常に心がけておかないといけないように、会社そのものも、常に細心の注意をはらって、各部門を見ていかなくてはならない、というような感じがするのであります。

これをある程度早く発見して、その個々について適切に手当てすることのできる会社は、常に健康体であり、発展する会社である。その個々の病根を発見することを怠り、また発見しても、その治療法が当を得ない会社は、常に波瀾《はらん》をもつ会社であり、だんだんその病根が広がったりしまして、ついに、行きづまって大整理をしなくてはならない、ということになると思います。

松下電器は今日まで、幸いにして、命を取るほどの大きな病根に出くわしたことがございません。しかし絶えず個々の病根はあるわけです。それを比較的早く発見し、治療をしてきたわけです。それで今日ここまで成長したと思うのです。

今日ここまで成長してまいりましたけれども、今度は病患として患う面が非常に多くなった。今まで一品の仕事をしておれば、病患として一品だけを考えればよかった。今日は何千種類という製品をやっていますから、常に何十という病患があると考えられる。ですから、なかなか容易ならんものだと思うのです。

しかし、容易ならんというてそれをほうっておくわけにはいかない。いかに多くの部門ができましても、その部門ことごとくが健康体であるようにしなくてはならない。そのためには、絶えず診断をする。そうして、これでいいかどうかということを判断しまして、過ちのないようにやるところに、私は経営の衝にあたる方々の責任というものがあろうかと思うのであります。

皆さんが、そういうことをお考えくださいまして、自分の担当している部門を他の部門と比較検討すると、ここは脈搏《みゃくはく》が少し多いとか、ここは少し熱があるとか、ここは少し顔色が悪いところがあるということが、随所に出てくるだろうと思います。しかし、気がつかずして、ともかく息をしているから、これは健康体だろうと考えてやっておれば、これはたいへんな病患がつのり、昂進《こうしん》してきまして、ついには脈搏も止まるという部門が出てくると解釈していい。これは非常に大事なことだと思うのです。

きょう私が、このめでたい機会にこういう話をもち出したということは、最近の松下電器に、多少そういうような病根のある部門ができつつあるという感じがするからです。それできょうは、皆さんにこのことを申しあげまして、ひとつご診察願いたい。みずからを診察すると同時に、その隣の部門も注意してもらいたい、それを提言してもらいたい。そして全員の共同の力によって、どの部門も健康体にもっていくようにしなくてはならない。

［一九六四年五月五日］『松下幸之助発言集31』

幸之助は「企業体は人体と同じようなもの」であると説いていた。「企業は絶えず人体のごとく動いている。一つの欠陥が生まれ、膨脹していく。それに気がついて、治そうとしたときにすぐには治らない。だんだん進んでいく」というのである。

この考え方は、その後も貫かれた。松下電器の第四代社長・谷井昭雄は、ビデオ事業部長時代、業績が赤字であると報告をしたところ、幸之助から「きみ、赤字は人間の体で言ったら、血を流しているのと一緒やで。血が止まらなかったら、どないなると思う？」と問われた。「血が止まらなければ死んでしまいます」と答えると、「そやろ。死んだら大変やな。血を止めないかんな」と言われたという。谷井はこの一言にふるい立って、「苦境を乗り切れた」と語っている。

48 机上では一応成り立つかもしれないが実際の商売としては成り立たない

われわれの商行為というものは、必要がなければある金でも使ってはならないが、必要であれば借金をしてでもやらなければならない。そして販売を充実させていくことが必要ではないかと私は思う。予算というものを決めておいて、その範囲の中で使うということは、机上では一応成り立つかもしれないけれど、実際の商売としては成り立たない。予算がないから待ってくれと言えば、みな他へ流れていく。

そういうことが当然のごとく考えられていたということですね。先般、髙橋（荒太郎）副社長が九州のショップ店（松下電器の製品を主として扱う販売店の中の有力店）の方々に集まっていただいて話を聞いたときにも、これと同じようなことが出た。副社長も驚いて、そんなことは今後絶対いたしませんから安心してもらいたい、ということを話した。

というのは、ショップ店が看板が汚くなったので書き替えてもらいたいというような話をしたところが、承知しましたと言ってから、一カ月も二カ月もしてくれない。なぜしてくれないのかというと、「予算がないのだ、もうちょっと待ってくれ。そしたら予算ができるから」と言って断わっている。商売に必要なものを、予算がないといって断わるというのはありえないことですが、それを当然のような理屈にして断わっている。その人はあまりしゃくにさわったから、「それだったら、ほかのメーカーからやかましく言ってくるから、うちはほかのメーカーの看板をあげてもよろしいか、よければそうします」と言った。すると、ちょっと待ってくれということで、四、五日したら、ようやく書き替えてくれた、というのです。

「こういうような状態で松下は商売ができますか」と副社長に注意をされたということで、副社長も驚いて、「そんなことは絶対にありません。またあってはならない。それは何かの間違いでありましょう」「いや間違いない。実際そうだ」ということで、帰って調べてみるとやはりそのとおりだった。先方の言うとおりのことを営業所なり、本社がやっているということです。

以前にそういう話を副社長から聞いていたのでありますが、今度は私自身が名古屋で販売会社の社長からそういう訴えを受けたのであります。これはもう商売ではないわけですね。

［一九六四年九月二十八日］『松下幸之助発言集26』

同じ名古屋でつぎのエピソードがある。トヨタ自動車工業（現トヨタ自動車）から講演を依頼された幸之助が、自動車でトヨタの本社へ向かっていたときのこと。車中から外を見ていると、広々とした畑の中に、「テレビはナショナル」と書いた広告塔が立っているのが目に入った。そこで、隣に座る名古屋営業所長に、「きみ、あの看板はだいぶ剝げているが、あれでは金を払って公害をまき散らしているようなものだ。なぜ直さないのか」と尋ねたところ、営業所長は「いや、あれは本社の宣伝部の管轄ですので……」と答えた。

すると幸之助は、「きみはトヨタさんへ週二回も訪問していて、往復で四回も見ていることになる。それなのに、汚れに気がつかず、気がついとったとしても、それを担当の人に言って直させない。きみはそれでも松下の人間か」と即座に叱りつけたという。

広告も看板も、広く社会における自社の存在意義を示す基盤であることは言うまでもない。それが汚れているのに改善されないという事実は、幸之助にとって商売以前のことで、たとえ予算がないとか、担当部門でないから権限がないという理由であっても、到底受け入れられないことだったのだろう。

ちなみにこの講話に登場する髙橋荒太郎とは、一九三六年に途中入社、その後に松下電器の経理制度を確立、さらに戦後のＧＨＱによる各種制限の解除や、オランダ・フィリップス社との提携の主担当として活躍した人物であり、幸之助が最も信頼をおいた補佐役である。一九六四年の一月からは、海外経営局長を兼務し、多くの国への海外進出を実現させることに尽力した。一九七三年から会長を務めた。

49 一品も不良を出さないと誓ってやらなければ

時も時、商品に不良が出ているということですので、悪いときに悪いことが重なると世間でいいますが、そういうことになっている。正直なところ全国の販売店は動揺しています。それは、制度の変更の動揺というよりも、商品の不良が出るというところに非常に動揺しています。これは非常に大事な問題だと思うのです。

これに皆さんが取り組んでいただきたいということを私はきょう特にお願いしたい。一品も不良を出さないということを誓ってやらなければいけない。また、その品物に対してのサービスを完全にするということをやらなければならない。それではどうしたらよいかということを、事業部長の立場を中心としてお考え願いたいと思うのです。

〔一九六四年九月二十八日〕『松下幸之助発言集26』

50

取引は目で見て肌で感じて、これなら大丈夫というところとする

十年たてば一流の専門メーカーになるというような素質のある工場、あるいはすでにそういう立派なところに下請けを頼む。そうすれば、引き受けてくださった以上は、責任をもって納めてくれるであろうし、金が足りんから貸してくれとも言うてこないだろうし、損をかけられたというようなことも言ってこないだろうし、もし不良が出てかりに一億円損害を出

しても、その損害は自社の損害であるというようにお考えになるであろうと思う。

しかし、相手が自覚の薄い会社であると、自己の責任においてできた損害でも、おたくの会社とやったためにこれだけ損害を受けたと世間にふれ歩く。そういうことひとつを取ってみてもたいへんな違いだと思うのです。そういうことが経営上大きなポイントであるということを考えているかどうか。

往年、松下電器のまだ小さいとき、私はできるだけ自分より大きいところと取引しようと考えた。自分の会社は資産がかりに五万円しかない。相手は十万円ある。そこと取引すれば、いざというときには助けてもくれるし、またこちらが正しくやれば、その正しさを十分理解してくれるだろうと考えた。また、たとえいかに小さい会社でも、その経営者が、この人は立派な人である、この人はやがて成功する人である、今は小さいけれど立派な責任者である、責任感をもっているという人とは取引する。これは立派に伸びていく。そういうところと取引をしていたからどんどん上っていった。

ところが今はそうではなく、ただなにげなしに注文し、取引をするということになっているのではないか。松下電器の事業部制度は独立したかたちであって、そういうようなことも事業部長の独断においてやっておりますが、事業部長は、そういうことをやってきた松下電器で飯を食い育って、それを方針としたならば、言わずして分かっているはずだと思います。しかるにいざというときにそれができていないというのであれば、それはまだ松下電器の方針を知らない部下に任せきっているのではないかという問題です。

仕入先は事業部長みずからその人に会って、これは今小さい工場である、資金も乏しい工場であるが、この経営者はきっと育つ人である、信頼のできる人である、この人に頼んで間違いない、という人を選定して、そしてその指導方針というものを担当の課長さんに言った上で任せているかどうか。そういうことはしていない、自分は一ぺんもその工場に行ったことがない、課長からも報告が来たことがない、それで何千万円というものをつくらせているというようなことがあるといたしますと、これは私は、事業部の経営者でないと思います。そういうことが一部に起こっているのではないか。それが今日、不良の原因をつくり出しているところの一つの要素だという感じがするのであります。

各事業部長は、大きな事業部長さんであれば大会社の社長さんと一緒でありますから、なかなか手がまわらないけれども、きょうから仕入れは断じて自分がやる、自分がその目で見て、肌で感じて、これならば大丈夫というようなところと取引するというように改めてもらいたい。そういう指導をしてもらいたい。断じて部下に任せっぱなしにしてはならないということをお願いしたい。

［一九六四年九月二十八日］『松下幸之助発言集26』

この時期の販売制度の大改革により、松下電器製品の仕入れの姿も大きく変わることになった。簡略にいえば、「製造事業部→営業所→販売会社→小売店」の経路が、改革によって「事業部→販売会社→小売店」となった。

「卸」である販売会社は、それまで「単なる配給所」といわれるほど、営業所からなにげなしに仕入れるのが常であったが、事業部との直取引になることで、自主責任で製品を仕入れることになったのである。

改革断行の中で、販売会社の経営者が続々と本社の事業部を訪れ、事業部と仕入れの交渉を行う姿と出くわすようになると、幸之助は感謝の意を伝えたそうだが、それとともに、これこそ正しい商売のあり方であり、この姿が見られないようではウソだ、とも感じていたという。

51

不安で自信がないようなら他の適材である人と代わらなければ

私は今日、この会社の経営者の一人として、自分が適任であるかどうかということを自問自答しなければいかんということを考えております。今度再び、暫時のあいだであっても営業本部長を代行して、販売を担当しようというときに、なお今日自分が適材であるかどうかということを検討してみた。もし私に代わって適材である人があれば、あえて私が乗り出す必要はないと思う。今いちばん必要な販売面の改善に自分がなお適材であるかどうかを考えてみて、適材であると、こういうように一応考えたから、あえて世間の批判をふり切って、なすべきことをなすということで自分はやってきた。

これは非常に大事である。皆さんは自分は事業部長として適材であるかどうかということを、この際検討してもらいたい。そして確信があればそれでよろしい。もし確信に動揺があれば、私に訴えてもらいたい。自分はこういう点に不安があるのだと。そうしたら私がその不安を除いてさしあげることができるかもしれない。「いやきみ、そういうところに不安があるということは結構だ。それは非常に大事なことだ。だからその不安を忘れないように。その問題に対しては人の意見をどうぞ用いてもらいたい。そしてやってもらいたい。そうすればその不安は解けるだろう。また過ちも除けるだろう。そうすると辛うじてやっていけるだろう」と私が言うてさしあげる。全部が全部不安で自信がなければ、他の適材である人と代わらねばいけない。これが私は正しい行動だと思う。

そういうようにやらねばならない状態に今さしせまっていると私は思うのです。情勢は刻々と動きつつある、転換しつつあると思います。

［一九六四年九月二十八日］『松下幸之助発言集26』

52 ええい、自分が掃除したれ

なすべきときに事をなそうということは、これは私が常に自分に教えてきたことであります。世間の毀誉褒貶《きよほうへん》によって、あるいは社内の空気によってやるべきことをやらないということがあってはならない。やるべき場合があれば、私は便所の掃除をしてもいいと思うんです。だれも便所の掃除をしなければ、私がこの会社の社長なり会長である以上は、自分でお客さんの来る便所を掃除することは、当然の義務だと考えております。

それを見てとやかく言う人があれば、それはけしからんのでして、それなら自分が勝手にやったらいい。「社長にそこまでやってもらっては気の毒である。社長はそこまでやらなくてもよろしい。私がやりましょう」と言って便所を掃除すればいいんです。まあこれは極端な例でありますが、そうであります。

四十何年前の話でありますが、当時は工員といわず職工と呼んでいた、その時分のことであります。職工さんが七、八十人来ておるときであります。私は工場へあまり入りません。販売を自分が担当していた関係もありまして、工場責任者は別の人ですから、毎日工場へ入るわけではありません。しかし、三日や四日に一ぺんは入る。

ふと工場へ行って便所をのぞいてみたところが、非常に汚いんです。このごろのように水洗便所ではありません。昔はいわゆるたれ流しで、小便も大便も目に見えるような状態であります。それはそれでいいとして、その踏み板が非常に汚い。だれかが便所を使用して汚したままの状態である。私は、工場とはいいながら、この便所は許されないと感じたのであります。〝ええい、自分が掃除したれ〟と思ってバケツを持ってきて、その便所の踏み板をゴシゴシ洗い始めたんです。さすがに見かねたのか、二、三人の職工がとんできて——その時分は会社ではありません。私は、松下電気器具製作所（一九一八年創業時の社名）の所長ということでありますから、「所長さん、私がいたします」と言うて、手伝ってくれて、便所がきれいになったんです。それからのちは便所はきれいになりました。私がやらなくても、みんながやるようになりました。

みんなが使う便所をみんながきれいにすることは、みんなの喜びだろうと思うんです。それをだれ一人としてやっていない。汚いなりでほうっている。たまたま私が、自分が使う便所やないけれども、松下電器の人々が使う便所がかくのごとき状態ではいけないと思ったから、そういうことをやった。それで便所がよくなりましたが、そういうこと一つでも、やっぱり人心の一新をなしますね。

［一九六四年十月十五日］『松下幸之助発言集30』

53 組織そのものは決して仕事をしない

組織で動くということも、むろん大事でありますが、組織で動くにしましても、組織そのものは決して仕事をいたしません。組織を組み立てたならば、その組織を動かし生かすところの運営力と申しますか、経営力と申しますか、そういうものがあって初めて効果があるんです。立派な組織の状態にあっても、それにふさわしい経営力とか、そういうものが生まれていなかったら、その組織というものは動かない、効果があがらないということになる。そこが非常にむずかしい問題ではないかと私は思います。

そうでありますから、だんだん大きくなればそれにふさわしい組織が必要であるが、同時にそれを動かしていくところの経営力というものがそれに併行して、あるいはそれ以上に発生していかなければ、その組織というものは生きてこない、いわゆる組織負けになってしまうと思うのであります。

［一九六四年十月二十六日］『松下幸之助発言集26』

ここで幸之助が言う「運営力」「経営力」というものを重視する考え方は、単に組織・制度運営にとどまらず、今でいう情報処理システムの運用といった範囲においても発揮された。たとえば、各営業所からの電子計算機の撤廃にも幸之助はこの時期に取り組むのだが、その改革を決意するには、商品価格に直結する松下電器内で発生するコストを削減するという目的だけでなく、複眼的な理由があったようだ。まず実際に使用している営業所の状況を調査すると、一カ所だけまだ使っていないところの業績がいちばんよく、他はあまりよくないことが分かったという。またその調査においては、自著『経営のコツここなりと気づいた価値は百万両』で述べるとおり、つぎのような直観も得ている。

「当時、電子計算機を使って、その日の売上げが翌日の朝ピシッと出るようになっていました。きわめて正確な数字です。そこで『これ費用が何ぼいるのか』ときくと、『月に三百六十万円いる』とのことでした。そこで私は『これはムダやな』と言ったのです。それはもちろん便利です。しかし、きのうの売上げが、きょうの朝ピシッと出てきて、それによってつぎに何をなすべきかということをするときにのみ、これは役に立つ。しかし実際には、それを集めただけで、何もしていないではないか。うちの商売というものは、そんなことをしなくても、五日に一ぺん報告があったらだいたいにおいて分かるし、毎日する仕事だったら、どのくらい売れているかということはカンで分かる。カンで分からないようなことではもうあかん、というわけで、それをやめさせた」

さらに社内の会合の場では、当時の最新のビジネス道具である電子計算機は「使い方によっては毒になる」とか、使いこなすことができないなら、それは不要なものであり重荷である、とまで述べてもいる。こうした経営センスの発揮が「経営力」とつながるものであることは言うまでもない。

ちなみにこの時期の幸之助は、現場で作成・使用される「報告書」にも目をつけている。「この報告がなかったら、あす会社がつぶれるというものだけおいておけ、これがなかったら一年先につぶれるというのだったら、かまわんからやめてしまえ」と指示して、百枚以上あったものを十数枚にまで減らすことも実現させていた。

54 いい人が集まるかどうかは運命である

なかなか人はないもんですね、実際。立派ないい人というのは少ないもんです。

　それが世の常でありますから、少々の人を辛抱して使うということが、人を使うことがうまいということになりましょうかな。少々の人を辛抱するというんであれば、私は人は使えると思うんですね。私は今まで、じきにしゃくにさわって怒っておったんやけども、怒っていたらこっちが疲れますわ。（笑）というても、やっぱり怒らねばならんときは怒りますよ。怒りますけどね、怒ったあとで、〝ああいややな、怒らんでよかったのにな〟ということのほうが多いですね、実際いうと。

　だから、いい人が集まるか集まらんかということは、その人の徳望にもよりますが、やっぱり一つは運命でしょうね。そう思ってみると、わりかた大胆に人が使えますね。

　私は今まで人を使ってきて、人を使うのが上手やというようなことをときどき新聞にも書かれたりしますけれども、上手か上手でないかということは、自分でもはっきり分からない。しかしいい人が集まるか集まらんかということは自分の運命だろう、運命なんだからしかたがない、もう大胆に使ってやれと、（笑）こういうような見方も、ときにするんですよ。そうしなければ頭が痛むんです、実際いうと。

「きみこういうふうにやりたまえ」とちゃんと教えて、人を育てていくということは、一応常識としては考えていいですけれど、それ以上のことは分かりませんな。ですから、ある程度言うべきことは言う、教えるべきことは教える。しかしそれ以上はもう、「人事を尽くして天命を待つ」という言葉がありますが、やっぱりそういうことじゃないでしょうかな。これだけはもうはっきりとしたひと言で申しあげかねるんですわ、実際はね。

非常に誠心誠意をこめてやっているように見えるのに、そこからポツポツ悪いことをする人が出るんですね。どこがというとやっぱり、あんまり親切すぎてもいやがられるのか。だから非常にむずかしいですな、このへんは。

そうですから私は、言うべきことは言う、叱ることは叱る、ほめることはほめるということは常識的にやらないといかんが、それ以上はもうほっとけ、責任はおれにない、責任はおまえ自身にあるんやぞ、というような調子でやったれというときもありました。そのときによって変わりますから、まだ、まとまっていないということでしょうな。暗中模索というとおかしいですけれども。なんや頼りないな、おまえのところ四万人もおるのに、そんな頼りないことでどうするんかとおっしゃるかもわかりませんが、ほんとうに人の問題だけは、はっきりしたことは言えません。

［一九六四年十月二十九日］『松下幸之助発言集34』

つぎのようなエピソードがある。ある比較的新しい部門の責任者が、さまざまな部門から人材の供給を受けてやっているものの、能力や資質の面で不満足な人ばかりが異動してきて困っているという趣旨のことを幸之助に話した。

そのとたん、幸之助は目の色を変えて、「松下電器の社員には悪い人など一人もおらんはずや。また悪い人を採用したつもりもない。そもそもそういうことを思うこと自体がダメである。そういうことで、どうして仕事がやっていけるのか。劣る人であったとしても、その人の能力を最大限発揮できるように考えることが大切ではないか」と叱責したという。

幸之助はみずからの人材観として常々、人間というものは、たとえていえば、「磨けば光るダイヤモンドの原石のようなもの」だと訴えていた。そして、たとえ少々問題がある人物でも、あるいは一見能力に難がありそうに見える人であっても、上位者はだれにも素晴らしい能力が秘められているという前提で、その人の長所に目を向け、その部分を根気よく磨き、伸ばしていく姿勢をもつべきだと考えていた。そうした信念があるから、前述の叱責をせざるをえなかったのだろう。

55 自主性のない人とは共存共栄はできない

松下電器が共存共栄したいというても、自主性のない人と共存共栄するということはできないんです。自主性をもった人と共存共栄をすれば、お互いに利益があるけれど、自主性のない人には、松下電器の利益を還元しようとしても、それは流れてしまうという感じがしたんですね。こういう公の席でこういうことを申しあげると、あとでお叱りをこうむるかもわからんけれども、しかし私はもう、何もかも打ち明けて話をしないとあかんと思います、こういうときにはね。

自主経営というものは相手から与えられるものやない。自主経営は自分でやるものである。その自主性というものがあったときに、相手の力というものが生きて働く。それが共存共栄に働くんだと、こう私は思うんですね。

［一九六四年十月二十九日］『松下幸之助発言集34』

56 謙虚さの上に生まれた確信でなければ

みなさんは、それぞれの仕事を進めていく上で、それなりの確信をもつことが大切だと思います。しかし、ただ何がなしに確信をもつというのでは好ましくないと思います。まず考えなければならないことは、謙虚さを失った確信は確信とはいえない、ということです。やはり謙虚な心持ちをもって、その上に確信をもってこそ、それは立派な信念となって、おおむね成功に導いていくことができるだろうと思うのです。物事に失敗したという人びとを見ていると、多くの場合は謙虚さがうすいように思われます。自分の意見に固執して譲らない、というような姿に、何がなしに陥っている場合がきわめて多いわけです。

こういうことは、上に立つ人ほどつつしまなければならないと思います。一般の社員なら先輩や上司が「君の考え方はまちがっているぞ。そんなことでは駄目じゃないか」と教えてくれますから、直すこともできます。しかし、課長とか部長になれば、だれもなかなかそういうことは教えてくれません。だから自分で自分に言い聞かせるより仕方ありません。つまり、自分は謙虚な態度を保っているかどうかということをつねに自問自答して、その上で確信をもつようにすることが大切ではないかと思うのです。

そうするとたいてい、自分の部下は自分より偉いな、ということがわかります。自分の部下はだめだと思っている間は、そういう謙虚さがないわけです。もちろん、部下が自分より偉いといっても、全部が全部偉いというわけではありません。自分より劣っている人もありましょう。が、非常な謙虚さをもって見るならば、その人なりの長所というものがだんだんわかってくると思います。そのようにして部下の偉さがわかってくると、部下が適切な提案をすればそれに対して直ちに賛成できます。つまり意志決定というものが早くできるわけです。だから仕事を水の流れるようにスムーズに進めていくこともできるようになると思います。そうでなければ、部下に根掘り葉掘り聞いているうちに決断が遅れる、ということにもなりかねないでしょう。

確信をもつことは非常に大切なことですが、謙虚さの上に生まれた確信でなければならない、ということをここで改めて申し上げたいのです。

［一九六四年十一月］『わが経営を語る』

57 共存共栄の精神を骨の髄まで知ってほしい

先般、私は感ずるところがありまして、各事業場においてあった私の写真と社長の写真をはずしました。なぜ私が今まで写真を掲げていたかといいますと、私が仕事を始めましたころは、みんなと一緒に働いておったのであります。朝も晩も顔を見、話をしつつ、ともに仕事をしておったのであります。

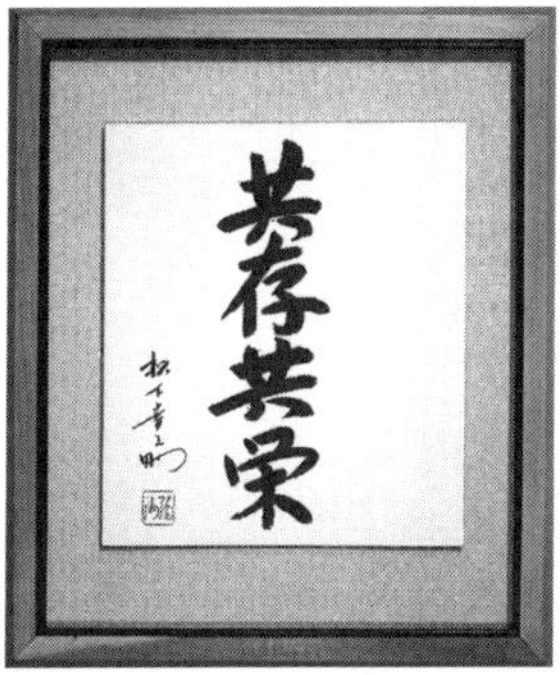
幸之助の揮毫「共存共栄」

ところが、会社がだんだん大きくなってまいりますと、別に工場を建てなければなりません。工場を別にすれば、私もそうたびたび行くわけにいきません。しかし私は、皆さんとともに働くということを忘れてはならないという私自身の心がまえから、写真をもって皆さんとともに働かせてもらうという意味で、写真を掲げたのであります。

それがいつしか、そういうような考えがなくなってまいりまして、創業者であるから、社長であるから写真を掲げておるのだ、という安易な考え方に変わってきていると思います。そういう本来の趣旨がだんだん薄れてまいりましたので、その写真を下ろしたほうがいいということと、現下の情勢にあって販売会社さん、代理店さんを強化していく、またご販売店の利益を確保していくことに専念しなくてはならない、共存共栄の精神というものを、みんなの胸に叩きこんで、常に仕入先を尊び、ご販売店を尊び、そして、相連係したかたちにおいて仕事をしていくことを、骨の髄まで知ってもらいたい、そういうところに安定した発展が約束されるのだ、そういうことを具体的に行うことができずに、いかに美辞麗句を並べてもダメだ、と考えて、共存共栄の実があがるまで、われわれ二人の写真を下ろしてもらったのであります。

松下電器は、ほんとうにこれから社会とともに、販売会社さん、代理店さんとともに存在する。ご販売店とともに存在する。需要者とともに存在する。お仕入先とともに存在し、全部共存共栄の実をあげるまで、基本的な働きをすることを中心として活動を再開する年だと、かように考えたいと思います。そういうことで、長く掲げてきた写真を下ろし、共存共栄の額を掲げたのであります。

［一九六五年一月十日］『松下幸之助発言集23』

58 相手を尊重した誠意をもって言うべきを言う熱意をもたなければ会社はつぶれてしまう

一昨日も全国の代理店の方々にお話ししたのでありますが、だいたい皆さんはおとなしすぎるということを申しあげたんです。おとなしすぎるというのは、松下電器がいろいろな案を立てたものをみな鵜呑《うの》みにされる。一見非常に結構である。松下電器の立てたことに全部賛成してくださるんでありますから、これほど松下電器としてはありがたいことはないと一応は考えるのでありますが、実はそこに非常な危険がある。

「皆さんは自主独立の経営者として、販売会社を経営しておられるのだから、松下電器で考えたことがことごとく是である、ことごとく正しいというようなことはありうるわけがない。十に二つは意に染まん場合もあるだろうし、またやってはならん場合もあるだろう。そういう場合に、皆さんがどういうように松下電器に対しておられるか。そういうことすらも、心に、〝これは少し無理やけれども、まあ松下電器の言うことやからしかたない。あまりゴチャゴチャ言うてご機嫌を損ずるようなことも面白くないから〟ということで鵜呑みにされていることが、私はあったのではないかと思う。これはもうたいへんな間違いである。みんながそれぞれの立場において責任経営をしておるんだから、自分の経営観から見て松下電器を批判しかつ要望し、かつまた、ものによっては叱正するような強い態度を、皆さんが失ってしまってはいけない。もし今、代理店の経営に行きづまりといいますか、多少の低調というものがあるといたしますならば、全部そういうところに原因があると思います。もしそうであるならば、皆さんは、はなはだけしからん」ということを申しあげたのです。

社員の皆さんに対しても、私は一面同じように思います。礼儀を欠くようなものの言い方、感情を害するようなものの言い方は、いかなる人といえども慎まなくてはならんことはいうまでもありません。しかし、そういう点は十分に配慮した上で、言うべきことを言う熱意と申しますか、そういう意欲をもたねば松下電器はつぶれてしまうと思うのであります。

何ごとも、上長の言うことを「へい、へい」と聞いておったんでは、上長といえども神さんではございません。そこに長所もあるが幾多の欠点もあります。体験があるとはいいながら、その体験だけでは、古い点も生まれてきておるでありましょう。そこに皆さんのような、若き新知識の人々が加わって、「これはこういうように改良したらどうでしょうか」「これはこういうふうに私は思います」と、礼儀を失わず、相手を尊重した誠意をもって言うべきことを言うことが、私はきわめて必要やないかと思います。そしてそういうことを言う会社、言いうる会社は、私は常に新しい会社であり、常に溌剌《はつらつ》とした会社だと思うのです。
そういう、お互いが礼儀を失わず、ものを言いやすいという状態において、意見を交換している会社こそ発展する会社であり、また望ましい会社であるというように考えます。

［一九六五年一月三十日］『松下幸之助発言集30』

言うべきを言う——礼節面には十分に配慮した上で、そんな熱意がみなぎる職場を幸之助は望んでおり、こうした人間同士の関係性を「対立と調和」という言葉で表現していた。それは、もとは会社と労働組合の労使関係の望ましいあり方を表現していたものが、しだいに、会社と得意先・取引先、会社と世間、といった関係性においても通用するものとして、よく口にするようになったのである。

この、対立しつつ調和することで、いい意味での緊張関係が生まれ、正しい仕事ができ、お互いが向上しあい、新たな成功を得ることにもつながるという経験則は、幸之助だけが有するものではないだろう。逆に考えれば、対立のない調和というものが蔓延したとき、その現場は停滞・衰退の一途をたどることになるのかもしれない。

59 販売店の人々の苦労を知らずに、商売をしていくという道はありえない

最近、話を聞きますと、あたかも昔の代官のごとき態度をとっていると思われる営業区域がありました。大事な大事な販売会社の社長さんを眼下に見下ろして、代官が地方の豪農を支配するがごとき態度をもって臨んでいる、と私に訴えてきた人がある。「残念でしょうがないけれども、松下電器と絶縁するまでは、我慢しようと思って我慢してきた」と。

こういう思いをさせているとは、私は夢にも思わなかったのであります。まことに申しわけないということで、よく謝罪して気分を直してもらい、「さらにしっかりと努力して松下電器と手を結んでやってください」と言うと、「いやもう非常にそれで結構だ。分かった」ということでありました。

心なき人にいたしましては、善意でありましょう、悪意ではありません。善意でありましょうが、松下電器を必要以上に評価して、みずからを尊しとして見たり、自然そういう姿になるという面も私はあったと思うのです。

販売店社長たちとの懇談会での幸之助（1965年）

それではいかんのであって、松下電器は大を成したとはいいながら、われわれの力で大を成したのではない。多数の大衆の人々の支持を得て、またそれを販売してくださる方々の努力によって大を成したことは、いうまでもございません。

その松下電器を愛し、松下電器を絶えず支持してくださるところの、販売店の人々の生活はどうかと申しますと、今日、はっぴこそ着ておりませんが、みんな腰にはちゃんとペンチを持っている。いわゆる町の電器屋さんばかりであります。そういう人々が、われわれの大事な大事なお得意である。そういう人々の支持によって今日の松下電器が生まれている。そういう人たちを見下してはならない。

そういう人々は、朝早くから店を開け、晩の十時まで店番をし、顧客に対して松下電器のものを売ってくださっている。その一日十数時間にわたる労働がいいか悪いかは、それはいろいろ問う人がありましょうが、今日の小売屋さんの姿はみんなそうである。そういうことをしなければ日本の小売業者というものは立ち行かない状態に、今日のところなっております。将来は改善されるでありましょうが、今はそうであります。

皆さんが、会社を退《ひ》いて心斎橋に行く、あるいはその他盛り場に行っても、みんな商売をしているでしょう。電器屋は店を開けているでしょう。そこで買えば売ってくれるでしょう。もう四時半だから売りませんと言えば、皆さんは便利が悪く感じるでしょう。そういう人々の血と脂と汗によって商品が販売されて、松下電器の人は仕事をすることができておるのであります。何々部長といい、何々課長といい、みなそうであります。

われわれがだいたい正規の時間に出勤し、正規の時間に退社して、あとはレジャーあるいは勉強に、必要な時間を得られているということは、そういう人々が、時間を超越してやってくれているおかげだと思うのであります。ゆめゆめおろそかにしてはならないのであります。

そういうことを考えてみますと、松下電器の今日というものは、発展はしたけれども、その発展に結びつくところの相手方というものは、みなそういう姿である。ですから、われわれは会長室におりましても、社長室におりましても、部長室におりましても、その心というものを忘れてはならないと思うのであります。それを忘れたところに、〝松下電器は官僚的になった、松下電器は大きくなって生意気になった〟という非難が起こるのは当然であります。

そういう人々の苦労を苦労とすることを知らずに、それで商売していくという道はありえない。やがては衰亡していく以外にないと思うのであります。それは、部長室におり、会長室におってもよろしい。しかしその心が分かっていなければならない。

［一九六五年一月三十日］『松下幸之助発言集30』

幸之助は自著『指導者の条件』で「人情の機微」についてこう述べている。

「人間の心というものは、なかなか理屈では割り切れない。理論的には、こうしたらいい、こういうことが望ましいと考えられても、人心はむしろその反対に動くということもあろう。一面まことに厄介といえば厄介だが、しかしやはり、ある種の方向というか、法則的なものがあるとも考えられる。そうしたものをある程度体得できるということが、人情の機微を知るということになるのだと思う」「人情の機微を知るためには、やはり何といっても、いろいろな体験を通じて、多くの人びとと実際にふれあうことである。その意味で、指導者になる人は、できるかぎり実社会の体験を多く有している人が望ましい。そうした体験に立ちつつ、つねに素直な目で人間というものを見、その心の動きを知ることが大切だと思う」

組織が大きくなり、成熟すると、官僚化が起こり、上の階層が下の階層を見下したり、得意先にさえも驕慢《きょうまん》の態度を示したりするようになる。他人の苦労に対する共感力も知らず識らず弱まっていく――。松下電器内に官僚化の弊害を認知した幸之助としては、社員に商いの心というものを強く訴えざるをえなかったのである。

60 いっさいがサービスから始まる

私ども子どもの時分によく親方から教えられたのは、商売人というものは、〝損して得取れ〟ということです。これは少し旧式な話でありますけれども、損して得取れ、損を惜しんでは商売人として成功しないということを言われたのであります。これは商売だけではなくて、人間全般に通ずると思うのです。個人、人間の社会生活に通ずることだと思います。今日の言葉でいうならば、まずサービスからかかれ、サービスをして初めて成果が認められるんだということと同じことだと思います。昔はサービスという言葉はございませんでしたから。

そのサービスを適切にやっていくかいかんかによって、非常に満足されるかどうかが決まる。満足されることによって、松下を非常に支持してくださるということに結びつき、繁栄するか繁栄しないかということに結びつくと思うのであります。

松下電器のすべての人は、サービス精神にこと欠いてはならない。それは、友人に対するサービスであるし、会社に対するサービスであるし、顧客に対するサービスであるし、社会に対するサービスである。いっさいがサービスから始まると考えていいと思う。

皆さんは、会社に対してのサービスがいちばん手近であります。しかし、会社に対してのサービスというものをはっきり心得ている人が何人あるか。会社はわれわれから搾取しているんだから、なるべくサービスしないほうがいいだろう、そんなに思うてはいませんやろうけれども、まあ極端にいうと私はそういう人もあると思うんですな。これはたいへんな間違いである。

今日、世界にいろいろの国があります。いろいろの国がありますけれども、ある国にサービスすることをもってその国の賛成を得られるということを、堂々と議会で発表しているじゃありませんか。

国においてもサービスを怠る国はやはり落伍する国である。落伍しないまでも人気を落とす国である。そういう時代です。そういう時代に新しい感覚をもって今日立っている諸君が、手近なサービスを忘れるということはもってのほかだと思います。

サービスはいろいろありましょう。笑顔をもってサービスする場合もありましょう。礼儀をもってサービスする場合もありましょう。あるいは働きをより正確にすることによってサービスをすることもありましょう。いろいろあると思う。

廊下で会ってもあいさつひとつしないようなことでは、サービスにはならんでしょう、ほんとうは。お得意先が来たときに、頭を下げるということは、これは人間の心得である。動物はそういうことはしないで、知らない人にはかみつくでしょう。人間は、会社へ来た人には、何らかの関連ある人やから、ちょっと笑顔をもって、会釈をして通るということができる。これはサービスであります。

サービスという言葉が適当でないなら、それは正しい礼儀である。そういうことすらもしない人が、このうちにあるんじゃないでしょうか。あるとすればただちに私はやめてもらいたい。


［一九六五年一月三十日］『松下幸之助発言集30』

61 いたずらに新しいものをつくって新製品として売ることに堕してはならない

今、販売網の整備と並んで、もう一つの大きな問題は、かねてより何べんも重ねて申しておりますが、これというヒット商品が出ていないということであります。これというヒット商品が出ないということは、メーカーとしては致命的な打撃だと思います。

日進月歩の今日であるからといって、いたずらに新しいものをつくって新製品として売るということに堕《だ》してはならないと思います。けれども、本格的なヒット商品は必ず生み出せるはずだと思うのです。昨年はそれが比較的少なかった。努力のわりにそれが生まれていないというところに、やはり一つの問題があると思います。

最近は各事業部にもそういうことをだんだんとお願いしておりますので、皆さんもやはりそういうようにお考えいただいていると思います。私の感じでは、すでに二、三の事業部で、ヒット商品の兆しが見え始めているようです。やがて本年の秋ともなれば、すっかり変わったと申していいようなヒット商品が次々にできるだろうと思います。そのときには、

〝躍進松下電器〟というような姿が再び起こってこようかと思うのです。このたび販売会社と事業部との直結を断行しましたのは、それを呼びさますための一つの大きな手段としてやったのであります。お互いにそれに相応ずるようにやってもらわなければならない。

松下電子工業（一九五二年設立。二〇〇一年に松下電器に吸収合併）も、聞くところによると最近すっかり変わったそうですな。今までのようなことではいかんというような空気が盛り上がっているということであります。私はこのあいだその話を聞いて、非常に喜んだのです。響きに応ずるというか、呼びかけに応ずるような、盛り上がるような態勢で業界の先頭に立とうというような空気が、知らず識らずのうちに社内に盛り上がってきているというので、非常に私は喜んでいるんです。必ず松下電子工業を中心として、あらゆる事業部がその部品を使って立派なものをつくるようになると思います。そうすれば、輸出はさらに増進するでありましょう。松下電器の前途は洋々たるものだという感じがします。

［一九六五年一月八日］『松下幸之助発言集26』

62 机の上で指揮をしていても、率先垂範の気魄とその心根は少しも変わらない

よく率先垂範ということがいわれますが、あごで人を使っては動かんと思うんですね。自分が率先してやらないといけない。大小の別がありましてもやらないといかん。三人であれば、その仕事をするときには、そこのやはり三人のうちの頭《かしら》というものが、どうしても仕事をしなくてはならない。やはり自分が先にやらなくてはならない。はたがそれを手伝うということになるんです。しかしそれがだんだん大きくなってくると、かたちの上では自分が率先垂範するということができない。たくさんになってくればいつも先頭に立つわけにいかない。けれども、全身全霊にみなぎるところの気魄というもの、三人のときに絶えず自分が先にやって、はたが助手となってやっていくのと同じ気魄というものは、私は必要やないかと思うんですね。

机の上で計画をし、指揮をするというようなことは、これはこれでいいといいたしましても、その全身にみなぎる気魄というもの、つまり三人のときに自分が先頭に立って仕事をし

た、そしてそれをはたが手伝ったというその率先垂範の心は、一万人になっても二万人になっても変わらない。かたちは変わるけれども、その心根というものは少しも変わらない、ということでなくてはやれない。多くの人にそれだけの安定、福祉を与えることはできないと思うんです。

［一九六五年二月二十二日］『松下幸之助発言集26』

率先垂範の心根とは何だろうか。幸之助の自著『商売心得帖』につぎの一文がある。「少人数を使うリーダーならば、みずから率先垂範して、そして部下の人に『ああせい、こうせい』と命令しつつみんなを使って、だいたい成果を上げることはできるでしょう。しかしこれが百人、千人となれば、そういう姿は必ずしも好ましくありません。形、表現はどうありましょうとも、心の根底においては、『ああしてください、こうしてください』というような心持ちがなければいけないと思うのです。これがさらに、一万人、二万人になれば、『ああしてください、こうしてくださいい』ではすまされないと思います。『どうぞ頼みます、願います』という心持ち、心根に立つ」べきだというのである。町工場から大企業までを実際に経営した幸之助なればこその心的態度であろうか。

63 お互いのあいだに絶えず〝慮り〟が必要である

たとえば皆さんが、晩に〝今ごろはもう帰っているだろう〟と思うときには、部下に電話をかけて、「きみ、きょうはご苦労さんやった。どうやった。成績はどうやった」というように尋ねるくらいの慮《おもんぱか》りが必要である。「いや、あれはうまくいきました」「よかったね」というようなことが、皆さんと部下とのあいだに、非常に興味あることとして行われているかどうかということです。行われなければウソだと思うんです。

きょうは心配な用事で行ってもらった。帰ってきて報告もしなければ、ききもしないというようなことで、日を過ごすようなことではいけない。「あれ、きみ、どうやった。うまくいったか」「いや、あれうまくいきましたで」「そうか、それはよかったな。ご苦労さんやった」というようなこと。あるいはまた部下のほうがきかれなくても、「きょう行ってきましたが、こうでした。たいへん結構でした」と報告する。

そういうことが、やはり皆さんと部下とのあいだに、絶えず行われているかどうかということですね、早くいえば。そういうようにやっていければ、苦労も苦労やなく、常に慰めまた慰められ、そして両者の意見が絶えず一致して、うまくやっていけるだろう。そういうことを怠ってはならない。そういうところにむしろ興味がある、生きがいがあるとでも申しますか、仕事の妙味があるとでも考えられるようにならなくてはいけない。

［一九六五年二月二十二日］『松下幸之助発言集26』

64 〝打てば響く〟ところにいい知恵も出てくる

私が往年、岡田乾電池と取引していた時分のことです。岡田（悌蔵）さんは松下電器の乾電池の製造を一手に引き受ける。松下電器は岡田さんに乾電池を一手に製造してもらっている。松下電器のやり方いかんによっては、岡田さんの工場が繁栄もし、衰微もするというわけで、肝胆《かんたん》相照らす仲でありました。

梅雨が一月《ひとつき》続きますと乾電池は売れません。自転車で用事することが少ないから、自転車につける数が少なくなって、乾電池は売れません。そういうとき、岡田の主人公はまあ仕事は熱心でありますけれども、商売は奥さんに任せておったので、奥さんが必ず電話をかけてくるんです。「松下さん、もう十日も雨が続いてるから、ずいぶん売れ行きがむずかしいでしょうね。お察しいたします。しかし心配せんとしっかりやってください。私のほうはもう少々覚悟して、こういう梅雨にはなるべくつくらんように、余分につくったら古くなりますから、乾電池は生き物でありますから」と言って、三日にあげず激励し、かつ自分のほうは大丈夫やし心配せんといてくれということで電話をかけてくれる。

こちらとしても非常にそこで、生きがいとでも申しますか、そこまで考えてくれてうれしいなというような感じになって、商売の苦労も忘れてしまう。自分の苦労を知ってくれている人があると思うと、人間というのはうれしいものです。そういうようなことを何年か私は続けてきたと思うんであります。

そういうような過程でぐんぐんと仕事が伸びまして、乾電池が月に何十万個も売れるようになって、岡田さんも非常に驚いたということであります。そういうような肝胆相照らすと申しますか、打てば響くと申しますか、そういうことが皆さんと皆さんの部下、全部にはとても及ばんでしょうけれども、そういうような話がよく交わされている、お互い慰め慰められるというところに、私は思いのほかいい知恵が出てくるんやないかと思うんですね。

だから、昔の歴史を見ましても、成功するような人には必ずよき部下があった。部下は大将の苦労を察し、そして大将はその察しられているということに対して、非常な慰安を感じて、その人を頼りにし、そして両者一体となって大きな国家的な仕事をしているということは歴史の教えるところであります。

今日われわれといたしましてもそのとおりである。皆さんの地位が高くなってくると、だんだん孤独になってくる。今までは同僚だったのが、一人が主任になれば、もう今までの同僚的な友情というものは、一応消えていくだろうと思います。これは一つの原則だと考えていい。だからそこに孤独性というものが生まれてまいります。そのときに、やはりその孤独さを知ってくれる何人かの部下によってその孤独が慰められ、そこにまた勇気を出して首脳者としての責任を全うしていくというところに、私は一つの行き方というものがあるんやないかという気がいたします。

何もかも一人でやるということはいかに偉い人でもできない。やはりだれかによって「ああ、ご苦労さん」と理解される必要がある。だから部下の人たちが、何かいい仕事をした場合には、せめて言葉だけでも「ご苦労さんであった」ということを言わないといかん。同時にまた部下は、首脳者が苦労しているところを見て、「非常にご苦労ですな。しかししっかりやってください。われわれもしっかりやりますから」というような言葉をやはり首脳者に出さないといかん。そういうような、いわば愛の言葉が出る会社ほど円満な会社であり、次々と能率が上がっていく会社であろうと私は思うんです。

〔一九六五年二月二十二日〕『松下幸之助発言集26』

65 命をかけるほどの興味が湧かなければ、時機を察知することはできないだろう

製品価格というものは、年に一回下げるとかいうふうに決まっていない。いつ下げるか分からない。しかし、物によっては下げる時機が刻々と近づいているわけです。その値下げしなければならない時機というものを察知して、そしてそれまでにもうちゃんと、いっさいの仕事が終わってしまって待機している。幸い下げずにすんだら、それだけ利益がまた大幅に増えるという、そういう用意ができるということが非常に望ましいことであります。

ある会社は非常に物を安く売っているけれども、利益はうんと取っている。ある会社は比較的高く売っているけれども、利益はあがっていないということが、同じ業種でもあると思

うんですね。会社の基礎は、やはり私は経営のよしあしだと思います。経営者の力いかんという問題でしょうね。

また、その経営の方針に対する全員の協力、またそこに養われる技術の力というようなものを総合して考えなければならないことはいうまでもありませんが、そういうことを経営者が察知して、それを訴えなければいけない。技術方面を担当する人にそういうことを訴える、経理方面を担当する人にそういうことを訴える、広告宣伝を担当する人にもそれを訴える。そういうものが、訴えずして自然に生まれるということは絶対にありえない。やはりそれは要求することによって、要望することによって生まれてくるのだと私は思うのです。

ですから、値下げをいつしなければならないかというようなことについては、業界というものを絶えず見ていて、この品物はどうしても来年の今ごろまでにこのくらいまで下げなければいけないな、ということをつかみえないようでは、もう経営者としての失格者でありま す。またそれをつかみえても、それを実行するについて、どのような方法でやったらいいかということが分からなければ、これまた経営者として失格であります。まあ酷評すれば私はそういうことがいえると思うんですね。

それを、よそも下げたからうちも下げなければいけない、というように慌てふためいて、それについていくという会社は全部、没落しないまでも発展しない会社であります。隆々発展しているところは、常に値下げでも先頭を切ります。しかも値下げは先頭を切っておっても、利益はちゃんと確保している。ある場合には、〝これだったら、よそがなんぼ下げてもうちは下げなくてもよい。これでいける。これで業態を安定させよう〟というようなこともできる。長年の努力によってその力が蓄積されれば、もうそこの物は五分なら五分高くなっても品質に格差があるということで承認される。そうすると、五分高いというような格差をなにも自分ではずす必要はない。むしろ業界全体の共存共栄の安定のために、そういう格差をみずからもつことも必要である、というようなことも認識する。そういう経営が私はほんとうの経営ではないかと思うのです。まさに石田（退三）さん（当時はトヨタ自動車工業会長）のやっておられることはそのとおりやないかと思うんですね。それをこのあいだ聞きまして非常に感心をいたしました。

そういうような、察知するとかしないとかいうことは、単なる利口とか単に頭がいいというようなことでできるものではありません。やはりそれには、これは常に言うことでありますが、命をかけるほどの興味をその仕事にもつということが必要ですね。そうするとそこに、そういうカンが働いてくるのではないかと思うのです。命をかけるほどの興味がそこに湧かなければ、そういう時機、時機を察知することはできないでしょう。広告ひとつ見ても、この広告がよいとか悪いとかいうことが判断できない。つまり競争相手の広告ひとつとっても、この広告はよいとか悪いとか、自分の広告に比べてどうだとかいうようなことを、絶えず興味をもって見る、そういうようなことがなくてそれを見落としていくというようなことでは、私はやはり経営者としては当を得ないのではないかというような感じがします。

［一九六五年三月二十二日］『松下幸之助発言集27』

66 砂糖の甘さや塩の辛さは、なめてみて初めて分かる

われわれは、やはり砂糖の甘さというものは、説明を聞いただけでは分からない。なめてみて初めて、甘さというのはこんなものであるかということが分かる。塩の辛さにしましても、そのとおりである。そういう体験によらなければ、ほんとうに生きた商売はできない、という感じがいたします。

知識をほんとうに知識として生かすということについては、そういういろんな体験を経

て、初めて商売の道を知る。また技術にしましても、ものをつくって、それを人に使ってもらって、そして批判を請う。そうして初めて実用的なものがつくれるということになろうかと思います。単なる学理、理論、技術だけでつくったものでは、実際に素人が使ってみたときに、はたして役立つかどうか分からないというものが、非常に多いと思うのです。

そうでありますから、どこの会社を調べても、世に出したものをともすれば引っこめることがある。研究室でも立派なものをつくり、製造の上でも立派なものをつくり、そしてまたそれを検査所で検査して、そして販売をする。それなのにまた引き揚げているというものが往々にしてあります。わが社でもありますが、他のメーカーでもあります。

それはなぜかというと、そういうように検査所でも検査し、また立派な専門家、技術者が寄って設計したものでありますから、問題はないはずであります。けれども、素人が使うについては、技術も何も分からないから乱暴な使い方もします。スカタンな使い方もします。そういうような使い方をしたときに、初めて故障が起こる。使い方が悪いから故障が起こるのだ、ということでは通らない。少々間違った使い方をしても、故障が起こらないようにちゃんと用意をしておく。そうして初めて商品になるわけである。そういう配慮はしているのですけれども、その配慮にもう一歩というところで足りないものがあります。

そういうものは、引き揚げてこないといかん。これはたいへんな損害である。そういうことが、何べんもくり返しくり返し行われているのです。社歴五十年の会社が、そういうことをしないかというと、そうではない。社歴が五十年ありましても、やはりそういうことをくり返しくり返しやっている。

そうでありますから、絶えず新しくものを考えて、そして、あらゆる点において間違いないということを検討して、それからのちでないと出せない。それには素人に使ってもらうことである。その上で出すというようなことがいちばんいい。けれどなかなかそこまで待っていられないから、会社でだけ使ってみて、それで売ってしまうというような場合がたくさんあります。

いろいろ考えてみますと、販売にいたしましても、製品をつくるにしましても、玄人《くろうと》やらというて、それでいいとはいえない。玄人でなくてはならないけれども、それを素人に使ってもらって、その使い味というものがどうであるかということを試してみて、初めて玄人としてのみずからの安心というものがあるわけである。そうしなければいけないと思うのですね。

自分の体験だけで、独断でやってしまうということは、往々にして間違いがあるということがいえるのであります。そういうことを考えてみますと、まだまだわれわれは未熟である。経営につきましても、あらゆる点におきましても、未熟であるということを感じるわけです。

［一九六五年五月五日］『松下幸之助発言集31』

67 言うべきことをピシピシと言うことが今ほど大事なときはないと思う

松下電器の立場においても、首脳者は言うべきことをどんどん言わないといけない。皆さんはそれぞれ重要な地位におられて、多数の部下をもっておられるから、部下に対して何を訴えるべきかということは、当然たくさんあると思うんです。その言うべきことをピシピシと言うことが、今ほど大事なときはないと思うんです。

そうするとみんなが本心に立ち返る。依存性をもっておった人も、自主独立の精神をもたねばいかんということが分かってきて、本心に立ち返ってくる。これは国家の立場においても、会社の立場においても一緒だと思うのです。

そうでありますから、今日は部隊長が先頭に立つ必要があると思う。非常時であるから部隊長が先頭に立たないといけない。非常時でないときには、尋常一様の体制をもってやったらいい。総大将はいちばん後方におって指揮をとったらそれでいい。今は乱世というか、非常時であるから、そういう体制だけで事をすますことができない状態である。いちばん後方におった総大将が先頭に立って指揮しなければならないということも必要ではないか。それが今日の時代だと思うのです。

その時代時代に、それぞれの立場に立つ者が出処進退を過《あやま》たず、自己を生かしていくということが非常に崇高な義務だと私は考える。そういうことをしない会社はうまくいかないだろうと思うのです。

しかし、そのような体制をとるということだけでいいかというと、そうはいかない。それに加えて適宜適切な考えを決めて、それを実行しないと何にもならない。意思の決定がぐずぐずしておったり、また実行にあたって優柔不断であったりすると、これは何にもならない。だから、やはりそういうことを考えに入れてやらないといかん、という感じがしているんです。

［一九六五年六月二十八日］『松下幸之助発言集27』

「熱海会談」以後、幸之助が各営業所を巡回するだけでなく、電話で課長クラスにも頻繁にコンタクトをとっていたことは、当時を知る松下電器OBがよく語るところである。

電話ではとにかく質問がなされ、即座に回答することを求められた。内容といえば、現在・過去の実績、担当する市場の実勢、競合他社の動き、などである。間違った報告はすぐに気づいて、「おかしいのと違うか!」と指摘された。「言うべきことをピシピシ」ということも率先垂範していたのである。現在のEメールによる確認・指示ではむずかしい緊迫感の伝播という効用もあったことだろう。

また「電話があれば必ず電話で返事をする、手紙が来れば手紙で返事をするという、第一歩のしつけからもう一ぺん始めてもらいたい。それが、非常に大事なことやないか」といった指摘もしていた。

もちろんこうした難局期だけでなく、幸之助にとって「電話」は部下指導における最重要のツールであった。松下電器の経営幹部OBの回想に共通するのは、いろいろと現況を聞いたり、指導をしたりするが、その上で「よろしゅう頼んまっせ」とか「今年の夏は暑いけど、皆さん元気でやっていますか」といった励ましやねぎらいが付いてくるのだという。また本社の内政部門から工場長に任命された人などに対しては、心配だからか、着任早々、朝・昼・晩と頻繁に電話をしてきて、一週間、一月《ひとつき》とたつうちに、だんだんその回数を減らしていくということもあった。

そうした濃やかな配慮があるからこそ、厳しい叱咤激励も生きてくるのだろう。

68 会社みずからが限界を決めていないか

今、松下電器の社史編纂《へんさん》の資料というものを毎月発行しています。皆さんにも見ていただいているわけで、私もそれを見て昔を思い出したり、懐かしんだりしているのでありますが、ちょうど今から三十年前に、「商い三十カ条」というふうなものをつくっているんですね。それを見てみると、いい品物はそれをさらに宣伝しなくてはならない、いいものほど宣伝してやることが正しい、それを怠ってはならない、ということを書いているんですよ。あれをいっぺん読んでください。そういう精神が今どの程度生きているかというと、あんまり生きてないように思うんですね。

宣伝費がかさむから、宣伝費を少なくしようということをやる。確かに生きない宣伝をするのはムダだからしないほうがいい。ただなにがなしに魂のこもらないような宣伝をするということには、一厘の金も使ってはならない。宣伝して笑われる。なんとつまらん宣伝しとるな、となって笑われる。だからそれは宣伝費を削減したほうがいいだろう。こういうことが一面考えられるんです。

しかし、そういうことが理解されて、一品の品物で勝負をする、またそれにふさわしい商品ができたという場合には、いきいきとした宣伝も生まれるでありましょうし、そういう宣伝は即会社のためにもなるし、需要者のためにもなるし、社会のためにもなる。だから宣伝費を大いに使っていいと私は思うのです。

そういうことを考えてみますと、宣伝を少なくすることがいいのやら、多くすることがいいのやら、少なくしていい場合もあるし、多くしていい場合もあるし、要はその内容、考え方いかんによって自由自在とでも申しますか、そういうことがいえると思います。そういうことを巧みに勘案して、そして時間をかけずに決めていくところに、事業経営のポイントがある。それができなければ、経営のポイントのはずれた経営者というふうになって、私はやはり失敗するのではないかという感じがします。

冷蔵庫のごときは非常に金額も高いし、各家庭でもっていますから、冷蔵庫だけで日本の最高の生産、最高の品質、最高の宣伝をやる会社たらしめることができないことはない、こう思うのです。しかし、今まで松下電器は、そういう意図をもっていなかったかもしれない。冷蔵庫はこの程度に宣伝しておこう、この程度売ったらそれでいいだろう、こういうような考えに自然落ちついておったのではないかという感じがする。もっと意欲を盛んにしてやれば、対外的にも日本の商品が出ていくだろうし、画期的な飛躍も生まれるだろうと思うのです。

けれども、会社みずから限界を決めている。このくらい売って、このくらい儲けて、このくらい宣伝すればそれでよかろうというふうな……。これはうちだけではない。だいたいはどこでもそういうふうになっている。それが正しい一つの見方である。いま私が言っているのは一つの理想である。けれどもその理想と取り組んで、そしてひとつやってみようというようなことが、常に湧かないといけないと思うんですね。

ステレオでもそうです。あまり音楽は分からないという人は、ああいうものに十万円の金を出す気はおそらくないでしょう。けれども、借金してでもステレオに十万円出そうという人がたくさんあるんですな。驚くべき状態だと思うんです。そういうことを考えてみると、世間というものは広いものやなということがつくづく分かるんです。

今、冷蔵庫をやめて、ステレオでひとつテレビの番組三本ぐらい買い切って、そしてステレオを宣伝する。そのために、品質を一方でどんどん徹底的に改良する、一方でどんどん製造して、一方で販売網をつくっていくということを考えれば、ステレオでも私は勝負できると思うのです。

けれどもステレオは、一パーセント広告して何台ぐらい売って、というようにみずからセーブしているわけですね。だからそのとおりにしかならない。今度、販売網もすっかりしき直して、いいか悪いかは今後のわれわれの活動によって生まれてくる。一応、（熱海会談以降に）販売制度を変えましたけれども、変えただけで事成れりと考えてはいけない。変えた販売網を有為なものにするには、いま言うようなものの考え方を各事業部ともとって、そしてやっていくというようにしなければならない。そうすれば、松下電器だけで全部のテレビ番組を買い切ることもできると思うのです。そして買い切る以上に品物が売れていくということも可能だと思うんです。しかし、実際問題としては、全部買い切ることはできませんから、おのずとそこに限度がありますけれども、そういう考え方をもってやっていきたい。


［一九六五年六月二十八日］『松下幸之助発言集27』

この講話の時期の十年ほど前、競合会社が画期的な高性能商品を開発し、市場を席巻したことがあった。そのために販売店や客層の嗜好が一変し、松下電器だけでなく、同業他社は旧来タイプの商品の販売が難しくなった。

やむなく、在庫過多となった商品の償却を決断したいと、ある責任者が報告したとき、幸之助は「それは、タダでももらってくれない商品なのだろうか。もしタダならもらってくれるという商品なら、まだ売れる方法があるのではないか。償却はいつでもできるから」といま一度、知恵を振りしぼって販売に努力をしてほしいと要求したのである。その要求に応え、責任者を中心とする社員が懸命の努力を重ねるうちに、通常の市販ルートではない新たな大口の購入先を獲得できたという。

想定どおりにいかないときこそ、「みずから限界を決めない」姿勢が求められるのではないだろうか。

69 小便が赤くなるほどに心配もしないで、会社がうまくいくはずがない

私は先般、代理店の方にも、「皆さんは松下電器をお頼りになってはいけません。皆さんは松下電器と、五分と五分の対等に立っておられるのです。みずからを助けることを、まず

お考えください。自力本位でおやりのときは、喜んで協調しましょう。その協調は血となり肉となるでしょう。そこに、お互いの成功が生まれてまいります。しかし、自分は弱体でも松下電器がなんとかしてくれるというような依存性をおもちになれば、松下電器がたとえ一時お助けしても、これでは根本的な解決にはなりません。皆さんの独立性を尊重していきますから、そういう経営をおやりください」とお話ししたのであります。

また、ある販売会社の方が私に、「松下さん、私は親の代から松下電器と取引しているが、最近儲からないので困っています。なんとか松下さんの手で、うまくいくような方法をとってもらえないか」と訴えられたとき、私はつぎのようにお話ししました。「ご先代からお取引願っておって、今日儲からないということは、まことに申しわけないように思うが、あなたは商売の責任者として、小便が赤くなったことがありますか。私は奉公していると き、親方から小便が赤くなるほど一、二回悩まないと、ほんとうの商売人になれないと言われてきました。私自身は、幸か不幸か、いまだ小便が赤くなるほど心配したことはありませんが、今、ひょいと親方の話を思い出しましたので」と尋ねますと、「ない」という返事でした。そこで私は、「いっぺん小便が赤くなるほど心配されたらどうですか。そうしたら、いい知恵が出ますよ。四十年も取引して、なお儲からないというようなことがなくなるでしょう」とお話ししたのであります。

その方は、きついことを言うなと思われたかもしれませんが、自分の会社へ帰られて、翌朝、全社員を集めて、「松下さんからこういう話を聞かされた。そして、自分が不熱心であったことを反省した。だから商売のやり方を変える。諸君もそのつもりでやってほしい」と話されました。そして、百五十軒ほどのお得意先を夜間に二時間、心ある社員を使って訪問し、陳列のしかた、店の整頓のしかたも全部手入れして回られました。

それから半年のあいだに、その会社の経営状態はすっかりよくなり、お得意先の百五十軒のお店にまで活気がみなぎり、ナショナル製品の売上げも増えたということですが、そのお話をお聞きしたときに、まったくうれし涙がこぼれる思いでした。大勢の中で、「小便が赤くなるほど心配もしないで、会社がうまくいくはずはない」と申しあげて、お叱りをこうむるかと思っていたのに、私の声を聞き入れて改革されたことは、感激のほかなかったのです。

私は、人生というものは、どういう仕事でも、心して真剣にやれば、そこに必ず大きな成果が生まれてくるものだと思います。

〔一九六五年七月十七日〕『松下幸之助発言集27』

松下電器のある経営幹部ＯＢは、幸之助から、「部下には苦心をさせても、苦労をさせてはならない」と言われたことがあった。また別の幹部は「心配とは心を配ることだ」と教え諭されたという。

ただ、部下に対してはそうであっても、指導者自身は「体は休息させたり、遊ばせたりしていてもいいが、心まで休ませ、遊んでいるということであってはならない」と自著『指導者の条件』で述べている。リーダーは、自分が苦労し、心配するのが仕事であり、部下には苦心をさせつつも、仕事の喜びを味わい、成長するように仕向けることが責務であろう。そして経営トップともなれば、小便が赤くなるほどに努力しなければ、経営はうまくいかないというわけである。

なお、この講話で明かされている「赤い小便」の話は、一九六四年の「熱海会談」の場で、ある販売会社社長の切実な問いに対し、幸之助から放たれたものであった。

附記　――主要な参考文献などについて――

本書に収録した松下幸之助の発言記録は、時系列で掲載している。各発言がなされた年・月・日については、それぞれの出典名とともに当該文の末尾に付した。また必要に応じて、本文中の丸括弧内に注記を施した。

なお、編者であるＰＨＰ研究所が付した序説・補説に関しては、『松下幸之助発言集』全45巻を中心とする同社の各種刊行物ならびにＰＨＰゼミナール資料「松下幸之助 経営資料集」を基本資料とした。

加えて、松下電器（現パナソニック）が発行した各種社内資料や松下電器ＯＢのインタビュー記録なども参考にさせていただいた。関係各位にはこの場を借りて深謝申し上げる。

〈述者紹介〉
松下幸之助（まつした　こうのすけ）
パナソニック（旧松下電器）グループ創業者、PHP研究所創設者。1894（明治27）年、和歌山県に生まれる。9歳で単身大阪に出、火鉢店、自転車店に奉公ののち、大阪電灯㈱に勤務。1918（大正7）年、23歳で松下電気器具製作所（現パナソニック）を創業。1946（昭和21）年に、「Peace and Happiness through Prosperity＝繁栄によって平和と幸福を」のスローガンを掲げてPHP研究所を創設。1979（昭和54）年には、私財70億円を投じて、次代のリーダーを養成する松下政経塾を設立した。1989（平成元）年に94歳で没。

装丁：一瀬錠二（Art of NOISE）
写真（帯、本文12頁）：貝塚裕

現場で闘うリーダーに知っておいてほしいこと

2019年4月3日　第1版第1刷発行

述　者　松下幸之助
編　者　PHP研究所
発行者　後藤淳一
発行所　株式会社PHP研究所
東京本部　〒135-8137　江東区豊洲5-6-52
出版開発部　☎03-3520-9618（編集）
普及部　☎03-3520-9630（販売）
京都本部　〒601-8411　京都市南区西九条北ノ内町11
PHP INTERFACE　https://www.php.co.jp/

組　版　朝日メディアインターナショナル株式会社
印刷所　図書印刷株式会社
製本所

ISBN978-4-569-84271-4

PHP　松下幸之助の「知っておいてほしいこと」シリーズ

リーダーになる人に知っておいてほしいこと

松下幸之助 述／松下政経塾 編

松下幸之助による設立以来、政界のみならず各界にリーダーを輩出し続けてきた政経塾での講話を編集、収録。

定価　本体952円（税別）

社長になる人に知っておいてほしいこと

松下幸之助 述／ＰＨＰ総合研究所 編

シリーズ第二弾。危機から転じて成長へ——。最高経営者として歩むべき道を提示する講話録。

定価　本体952円（税別）

人生と仕事について知っておいてほしいこと

松下幸之助 述／ＰＨＰ総合研究所 編

人生そして仕事において、自分の運命を生かしつつ幸福になるために必要なこととは——。シリーズ第三弾。

定価　本体952円（税別）

リーダーになる人に知っておいてほしいことⅡ

松下幸之助 述／松下政経塾 編

人を導くリーダー、人を幸せにするリーダーになるために必要なこととは——。シリーズ第四弾。

定価　本体952円（税別）